AF404090

PROCÈS HUBERT.

DEUXIÈME ÉDITION.

Prix : 25 centimes.

Se vend au bureau de l'INTELLIGENCE,
Rue de l'Echiquier, n° 6.

1838.

IMPRIMERIE DE D'URTUBIE ET WORMS,
Rue St-Pierre-Montmartre, 17.

PROCÈS HUBERT.

━━━◆━━━

COUR D'ASSISES DE LA SEINE.

PRÉSIDENCE DE M. DELAHAYE.

Audience du 7 mai.

L'audience est ouverte à dix heures et demie, en présence d'une nombreuse assemblée.

Parmi les personnes qui occupent les places privilégiées, on remarque M. Jules Larochefoucauld, aide-de-camp de Louis-Philippe.

Les accusés, au nombre de huit, sont introduits, suivis d'un long cortége de gendarmes...

M. Franck-Carré, procureur-général, assisté de M. Boucly, l'un de ses substituts, occupe le siége du ministère public.

MM. Emmanuel Arago, Favre, Billiard, Hemersdinger, Teste, Leblond, Ferdinand Barrot, Colmet d'Aage fils et Ch. Ledru sont chargés de la défense des accusés.

M. Teste.—La manière dont les accusés sont placés les empêche de communiquer avec leurs défenseurs. Je prierai la cour de vouloir bien les faire passer tous sur le premier banc. La force armée se tiendra sur le dernier.

Le président.—Aujourd'hui il ne peut être question que des interrogatoires, et pendant cette formalité les accusés ne peuvent communiquer avec leurs défenseurs. Demain la cour verra à les placer plus convenablement. Maintenant, j'invite Hubert et son défenseur à garder le silence. Je fais aussi une semblable invitation au public.

M. Emmanuel Arago.—Je m'étonne, M. le président, que vous vous adressiez à moi...

Le président.—Un instant, Mᶜ Arago...; je ne veux pas commencer par un incident. Mes observations étaient générales, et je m'adressais à vous, aux autres défenseurs, aux accusés et à toute l'assemblée.

» Je vais, ajoute M. le président, interpeller les accusés sur leurs noms, prénoms, âge, profession, demeure et lieu de naissance. Je ferai observer à MM. les jurés que l'accusé Steuble n'entend pas le français; il est Allemand. C'est pour cela qu'il lui a été donné un défenseur qui parle la langue allemande, et que la cour a désigné trois interprètes, qui transmettront ses réponses dans les débats.

M. le président reçoit le serment des trois interprètes, et procède à l'interrogatoire des accusés; puis il ajoute : Accusés, vous allez entendre les charges qui pèsent sur vous. Il va vous être donné lecture de l'acte d'accusation. A l'égard de Steuble, il lui a été remis une traduction de l'acte d'accusation, et en outre une seconde lecture de cette pièce sera faite en allemand.

Cette double formalité dure cinq heures et demie.

Les faits devant se reproduire dans l'interrogatoire des accusés et dans la déposition des témoins, nous nous bornons à donner un court résumé des pièces de la procédure.

Après avoir expliqué par quelle série d'indices le gouvernement était arrivé à la découverte du complot, l'acte d'accusation publie le rapport des experts sur le plan de la machine destinée à la perpétration du crime.

« Ces experts ont reconnu, dit l'acte d'accusation, que ce plan représentait une machine composée de seize canons de fusil réunis en jeu d'orgue, sur deux rangées de huit chacune, superposées l'une à l'autre. Les canons de fusils sont assemblés sur un axe en fer, autour duquel ils peuvent avoir un mouvement de rotation. Ce système est monté sur un affût à deux roues, analogue aux affûts des pièces d'artillerie de campagne, et sur la flèche duquel on remarque une vis de pointage transversale, une trémie percée de 16 trous qui se meut autour de deux charnières et paraît destinée à introduire les charges.

» Considérée comme projet d'arme de guerre, cette machine a des rapports nombreux avec d'autres machines connues qui ont été jugées ne pouvoir servir en campagne; mais elle peut être établie, elle peut fonctionner; le seul obstacle que rencontreraient ceux qui seraient tentés de l'employer à commettre un attentat, ce serait l'impossibilité de la produire en public sans qu'elle frappât l'attention.

» Tel est donc le plan qu'Hubert rapportait caché dans la coiffe de son chapeau; c'était le dessin d'une machine meurtrière, analogue à celle que Fieschi avait employé pour un attentat de douloureuse mémoire, mais d'une construction plus savante, dont l'usage devait être moins dangereux pour ceux qui devaient le tenter, et dont le feu, plus rapidement et plus sûrement dirigé, présentait d'atroces combinaisons de chances de succès plus terribles encore. »

L'acte d'accusation ajoute que ce plan émanait du sieur Jacob Steuble, dont le père était inventeur d'une machine de guerre à peu près semblable à celle dont le dessin a été saisi dans les papiers d'Hubert.

En conséquence, sont accusés :

Premièrement : Louis Hubert, Ladis Crouvelle et Jacob Steuble, d'avoir en 1837 concerté et arrêté, entre deux ou plusieurs personnes, une résolution d'agir ayant pour but, 1o de commettre un attentat contre la vie du roi; 2o de détruire et changer le gouvernement, laquelle résolution a été suivie d'actes commis pour en préparer l'exécution.

Deuxièmement : Jules-Arnoud-Marin Leproux, Jean-Vincent Giraud, Amédée-Hercule-Léopold de Vauquelin, Léon-Didier Valentin et Antoine-Napoléon Annat, ce dernier déjà condamné à une peine afflictive et infamante;

D'avoir, à la même époque, participé à ladite résolution d'agir, concertée et arrêtée entre deux ou plusieurs personnes, dans le but de commettre un attentat contre la vie du roi et de détruire et changer le gouvernement, laquelle résolution a été suivie d'actes commis pour en préparer l'exécution.

Crimes prévus par les art. 86 et 89 du Code pénal.

Un huissier fait ensuite l'appel des témoins, qui sont en grand nombre. Quelques-uns sont absens.

L'audience est continuée au lendemain.

Le président. — Je dois prévenir MM. les défenseurs que la cour fera subir aux accusés Grouvelle, Hubert et Steuble un interrogatoire commun, et que, par conséquent, cet interrogatoire ne sera pas immédiatement épuisé. Nous allons procéder à l'interrogatoire des accusés.

M. le président interpelle Hubert sur ses antécédens; on se rappelle que cet accusé fut compris dans l'affaire dite Attentat de Neuilly, et condamné.

D. — Il a été constaté que vos lectures habituelles étaient St-Just, Laponneraye et Marat.

Hubert. — C'est vrai, et il est malheureux que tous les ouvriers ne lisent pas ces ouvrages.

Le président. — J'aimerais beaucoup mieux qu'ils se livrassent au travail.

Hubert. — Sans doute, il vaut beaucoup mieux, selon vous, qu'ils travaillent sans relâche et qu'ils restent toujours bruts...

Le président. — Assez ! assez ! ne discutons pas !

Ici M. le président donne lecture d'une lettre attribuée par l'accusation à Hubert, écrite par ce dernier à Alibaud après son attentat, et dans laquelle il l'encourageait, en lui disant : Ne te laisse pas intimider par ces gens-là.

Hubert. — Je n'ai pas écrit de lettre à Alibaud.

Le président. — Ne l'avez-vous pas connu?

Hubert. — Non, monsieur. Je fus interrogé par M. Pasquier, qui me demanda si je connaissais Alibaud; je n'en sais rien, confrontez-moi avec lui; ce qu'il fit. Alibaud me parut un homme de dévoûment, un homme d'honneur. (Le président interrompt l'accusé.)

D. — Vous avez été amnistié au mois de mai 1837?

Hubert. — J'ai eu ce malheur.

Le président. — Comment, ce malheur?

Hubert. — Oui, ce malheur, car l'amnistie n'a été qu'un surcroît de malheurs et de misère pour ceux qui en ont été l'objet. (Sensation.)

Le président. — En sortant de Clairvaux, on vous remit un passeport pour Paris; là on n'exigea pas de vous un serment, mais une simple promesse verbale de ne plus vous mêler aux intrigues politiques.

Hubert. — Ce n'était pas une promesse verbale qu'on me

D.—Combien de fois êtes-vous allé avec Hubert chez Mlle Grouvelle ?—R. Trois ou quatre fois.

Le président.—Il y a dans la déclaration que vous avez faite dans le cours de l'instruction, que vous avez eu quatre conférences avec ces deux accusés, et qu'il y a été question de machine infernale. (S'adressant à Hubert.) Hubert, expliquez-vous sur ces quatre conférences.

Hubert.—Si, dans ces entrevues, il a été question de machines, cela n'a rien d'étonnant, car le frère de Mlle Grouvelle est ingénieur-mécanicien, et il n'est pas étonnant que deux mécaniciens parlent de machines. Steuble, ne sachant pas le français, je servais d'interprête. Vous voyez que cela n'a rien d'étonnant ni de criminel.

Nous sommes ensuite, poursuit Hubert, partis pour Londres, parce que je voulais me soustraire aux persécutions de la police, et parce que Steuble voulait faire valoir ses droits auprès du gouvernement anglais.

D.—Ne reçûtes-vous pas de l'argent pour faire ce voyage, et de qui le reçûtes-vous ?

Hubert.—Oui, je reçus 200 fr. pour ce voyage. Je les reçus de Mlle Grouvelle.

Interpellée à son tour, Mlle Grouvelle répond qu'il est faux qu'Hubert et Steuble aient été envoyés à Londres pour construire une machine.

D.—Steuble l'a cependant déclaré ?

R.—Cela n'a rien d'étonnant, par la manière dont on est traité en prison. Les mauvais traitemens, ajoutés à la maladie de Steuble, ont bien pu faire perdre la tête à ce dernier, et déterminer ce que l'on appelle ses déclarations, ses aveux.

M. le président adresse à l'accusé Steuble une série de questions relatives à sa déclaration. Après chaque question, l'accusé ne prononce que ces mots : Point de réponse.

Un des interprètes donne lecture en allemand de la déclaration de Steuble, et la traduit immédiatement. M. le président fait remarquer cette phrase, qui contient : « Il fut convenu que je construirais la machine *pour tuer le roi L. P.* » mais il fait remarquer en même temps que ces mots *pour tuer le roi L. P.* sont en interligne.

Me E. Arago.—Je prie M. le président de demander à M. l'interprète si cette phrase *pour tuer le roi L. P.* ne se distingue pas du reste de la pièce par quelque chose d'extraordinaire.

Le président. — Précisez votre question.

Me E. Arago. — L'encre qui a servi à former ces mots n'est-elle pas, sur le papier, plus noire, plus brillante que celle qui a servi à tracer les autres mots ?

L'interprète. — L'encre qui a servi à écrire les mots : pour tuer le roi L. P. est plus brillante que celle qui a servi à écrire les autres mots, et plus noire surtout dans les croix qui indiquent le renvoi (Mouvement).

Sur la demande des défenseurs des accusés, la cour commet les deux interprètes comme experts, à l'effet d'examiner les mots interlignés et de donner leur avis sur la question de savoir si ces mots ont été écrits à la même époque, par la même personne, avec la même plume et avec la même encre que les mots qui les précèdent ou les suivent.

L'audience est suspendue.

Après une demi-heure d'investigations, les deux interprêtes-experts rendent compte à la cour du résultat de l'examen auquel ils se sont livrés et dont le procès-verbal constate ce qui suit :

Les mots : « Pour tuer le roi L. P. » ont été écrits par la même personne; il serait impossible de déterminer s'ils ont été écrits à la même époque que les autres, mais on s'est certainement servi d'une plume plus fine et ils n'ont pas été écrits avec la même encre (Mouvement).

Le président. — Steuble, à quelle époque avez-vous ajouté cet interligne ?

Steuble. — Quatre jours après la déclaration que l'on m'a fait faire, M. Simonnin se présente à moi et me dit : il manque quelque chose à votre déclaration. — Quoi donc, lui demandai-je ? — Il manque, reprit-il, la désignation de l'emploi que vous vouliez faire de la machine; il manque ce que vous avez déjà déclaré, c'est que vous avez construit la machine pour tuer le roi L. P. Si vous insérez ces mots dans vos déclarations, ajouta M. Simonnin, vous serez tous rendus à la liberté. J'étais, je le répète, sous l'influence d'une maladie; j'ai écrit ce qu'il me disait d'écrire, j'ai tracé la première croix de renvoi, et M. Simonnin la seconde.

D. — Est-ce que vous avez cru que l'on vous rendrait tous à la liberté si vous traciez ces mots ?

Steuble. — Je l'ai cru d'autant mieux que j'étais, je le répète, malade, et que je savais à peine et ne comprenais pas du tout ce que me disait M. Simonnin.

M. Simonnin, admis par la cour à expliquer les faits, déclare qu'ayant été commis par M. Jourdain, juge d'instruction, pour suivre comme interprète-traducteur, les débats de l'instruction relative à Steuble, il s'aperçut qu'il existait une lacune dans la déclaration de ce dernier. Dans l'instruction, ajoute-t-il, j'avais souvent entendu dire à Steuble que la machine devait être construite pour tuer le roi. Voyant que ces paroles étaient omises dans la déclaration, j'eus la pensée de revoir Steuble pour les lui faire rétablir. Ce fut alors qu'il écrivit lui-même une lettre à M. Jourdain, juge d'instruction, pour lui demander sa déclaration, à laquelle, disait-il, il voulait changer quelque chose. J'ai là cette lettre.

Me Hemersdinger. — Je ferai remarquer que cette lettre est étrangère au dossier, et je m'étonne qu'elle soit produite ainsi et qu'elle n'ait pas été jointe aux pièces.

Cette lettre est représentée à Steuble, qui la reconnaît pour être de son écriture, mais il fait remarquer qu'un trou a été pratiqué dans le milieu de cette lettre, et qu'ainsi un mot entier se trouve enlevé; il manifeste la crainte que la suppression n'ait été faite dans l'intention de modifier le sens de sa lettre.

Me Arago. — Il me semble bien étrange que cette lettre n'ait pas été jointe aux pièces; je ne m'explique pas ce fait.

M. Simonnin. — M. Jourdain me remit lui-même cette lettre dans un cabinet; je l'ai gardée, voilà pourquoi elle ne se trouve point aux pièces. (Rumeurs parmi les défenseurs.) Je fus alors trouver Steuble, à qui je dis : La machine que vous deviez construire devait servir à quelque chose. — C'est vrai, me répondit-il, et, de son propre mouvement, il a ajouté les mots interlinéaires, mais je ne lui ai pas dit qu'ils seraient tous libres s'il le faisait.

Steuble persiste dans ses allégations. Il affirme que M. Simonnin lui promit 1,000 fr. s'il voulait ajouter les mots interlignés. (Sensation.)

Me Hemersdinger prend des conclusions tendant à ce que la Cour lui donne acte de ce que la lettre n'a point été jointe aux pièces, et de ce que les faits qui se sont passés entre M. Simonnin et Steuble n'ont point été constatés par un procès-verbal.

La Cour, après en avoir délibéré, prononce un arrêt par le quel elle donne acte au conseil de Steuble des réserves par lui faites.

M. Lebel, directeur de la Conciergerie, déclare que Steuble n'a jamais été l'objet de mauvais traitemens.

Steuble. —On n'a pas exercé de mauvais traitemens contre moi à l'époque dont vous parlez, mais j'étais malade, on m'obsédait de menaces. M Simonnin me dit que si je ne répondais pas mon châtiment serait beaucoup plus grand; j'eus alors une hémorrhagie, et l'on m'obsédait tellement que je perdais la tête, et que je disais ce qu'on voulait que je disse.

L'audience est continuée au lendemain.

Audience du 9.

Au commencement de l'audience plusieurs médecins sont entendus sur la maladie dont Steuble fut atteint pendant son séjour à la Conciergerie. Ensuite M. le président croit devoir résumer les débats de l'audience de la veille.

Après ce résumé, Me Arago demande que Steuble soit interrogé sur le fait que, en Angleterre Hubert lui aurait proposé de construire une machine pour tuer le roi Louis-Philippe.

Le président. —Mais il a été interrogé hier là-dessus.

Me Arago. —Pardon, M. le president, il a été interrogé sur l'interligne, mais non pas sur l'interrogatoire qu'il a subi devant le juge d'instruction, et dans lequel il a déclaré ce fait. Steuble pourrait donner le motif de cette déclaration.

Le président. —Il sera interrogé.

L'interprète explique cette question à Steuble, qui persiste à soutenir qu'il a cédé à des suggestions.

Le témoin Ferrot, détenu à la Conciergerie, et qui a été désigné hier par Steuble sous le nom de Farou, est appelé. Ce témoin a déjà été condamné pour vol, et une instruction est encore dirigée aujourd'hui contre lui pour une affaire de même nature.

Il déclare s'appeler Fabre ou Ferrot. Il dépose qu'il a habité la même chambre que Steuble à la Conciengerie. Il a vu plusieurs fois M. Simonnin parler à Steuble, mais il ne sait pas si M. Simonnin a fait écrire Steuble.

Steuble. —Farou n'a peut-être pas vu que M. Simonnin m'a fait écrire un interligne, mais il était là quand M. Simonnin est venu.

Le témoin, interrogé sur le fait de l'hémorrhagie, répond que Steuble en a eu plusieurs.

Steuble. —N'ai-je pas eu une querelle avec Farou parce qu'il avait brûlé mes papiers?

Le témoin. —Oui, mais Steuble n'avait pas raison; je n'avais brûlé que des papiers blancs que j'avais trouvés dans notre tiroir commun.

Le président. —Les papiers blancs étaient-ils séparés des papiers écrits.

Le témoin. —Dam ! ils étaient dans le même tiroir.

Steuble. —Toutes les fois que Farou m'a demandé des papiers je lui en ai donné. Il n'avait donc pas besoin de m'en prendre. Je lui demanderai s'il n'a pas brûlé une demande que j'adressais au préfet.

Le témoin. —Non, je n'ai brûlé que du papier blanc.

Steuble. —Cependant ma demande s'est trouvée égarée. Farou peut-il dire si je ne me plaignais pas souvent des maux de tête.

Le témoin. —Certainement. Quelquefois Steuble divaguait, il parlait tout seul la nuit, il disait des choses qui n'étaient pas tout-à-fait raisonnables.

Hubert. —M. le président veut-il demander au témoin pourquoi il ne demeure pas dans la prison avec les autres prisonniers?

Le témoin. —Parce que je crains des mauvaises raisons de la part des autres détenus. (On rit.)

Steuble. —Le témoin ne m'a-t-il pas donné le conseil de dire que la machine était pour tuer le roi Louis-Philippe.

Le témoin. —Steuble se plaignait de ses co-accusés. Il disait qu'il avait été trompé et qu'on avait détourné l'argent qu'il devait recevoir. Alors, je lui répondis : Mon garçon, cela vous regarde, c'est à vous de dire la verité.

Steuble. —Je ne me suis jamais plaint de mes co-accusés. La vérité est que cet individu m'a conseillé de dire que la machine était pour tuer le roi. Avant cela, nous avions parlé d'une machine qu'on m'avait commandée; je lui avais dit que moi seul en connaissais la destination et que je la réservais à l'ambassadeur turc. Je me rappelle même avoir dit à Ferrot que la machine ne devait jamais entrer en France.

Le président ordonne qu'on fasse sortir de l'audience les accusés Grouvelle et Hubert. Maintenant, dans un de vos interrogatoires, dit le président, vous avez déclaré, Steuble, qu'il y avait eu entre vous et Hubert la convention de confectionner une machine?

Steuble. —Oui, Monsieur; mais la vérité est que je n'ai parlé à Hubert que de machines infernales, que de machines à vapeur, que de machines pour tisser le drap. Hubert m'a répondu qu'en Angleterre on pouvait avoir besoin de ces sortes de machines.....

Le président. — Qu'entendez-vous par machine infernale?

Steuble. — Une machine de guerre.

Le président. — Dans quelle intention Hubert vous a-t-il accompagné en Angleterre, et pourquoi vous y êtes-vous allé?

Steuble. — Dans le courant de juillet 1837, Hubert me dit qu'il lui était impossible de rester en France à cause de la surveillance, et qu'il voulait aller en Angleterre. Je lui dis que mon père y était déjà, et qu'il y avait contracté un engagement pour la construction d'une machine de guerre destinée à l'ambassadeur turc, qui devait la payer 2,000 livres sterlings; et je me déterminai à partir avec lui. Voilà comment il a été question d'aller ensemble en Angleterre, et comment il s'est agi de machines de guerre entre Hubert et moi.

Le président. — N'avez-vous pas dit à Ferrot que vous aviez été chargé par Hubert de construire une machine de guerre?

Steuble. — Jamais, car Hubert ne m'a pas chargé de construire une machine de guerre. J'avais l'intention d'en construire une qui m'avait été commandée; mais je n'en dis pas la destination.

Le président. — Quelle est donc la machine dont vous seul connaissez la destination?

Steuble. — C'est un mystère sur lequel je ne m'expliquerai pas.

Le président. — Qui vous a fait penser que vous étiez le jouet de vos co-accusés?

Steuble. — Des personnes étrangères.

Le président. — Vous avez dit tout-à-l'heure qu'on vous avait commandé une machine : qui?

Steuble. — Deux négocians anglais.

Le président. — Il n'y a pas d'Anglais parmi vos co-accusés.

Steuble. — Mais je ne me suis jamais plaint de mes co-accusés. On m'a dit que j'en avais été le jouet : c'est Ferrot.

Ferrot. — Steuble se trompe : il me parla de sa déclaration et me raconta qu'Hubert lui avait commandé une machine pour tuer le roi, qu'on le devait le payer, qu'il en avait fait le plan, mais qu'Hubert n'ayant pas voulu depuis tenir ses engagemens, il avait gardé le plan; qu'alors Hubert avait brisé un tiroir de sa commode pour enlever le plan et faire exécuter la machine par un autre. Steuble m'a dit encore qu'Hubert avait voulu le tuer.

Steuble.—Jamais je n'ai raconté les faits tels que le témoin vient de les rapporter; seulement, je lui ai donné lecture de ma déclaration; c'est dans ma déclaration qu'il a pris les faits dont il dépose.

Le témoin.—Il m'avait parlé déjà de la machine et d'Hubert quand il m'a lu sa déclaration.

Steuble.—Ça ne se peut pas, car j'étais à l'infirmerie, et il m'eût été impossible d'entrer dans tant de détails; j'étais alité, et je ne me suis levé que pour écrire ma déclaration.

Le président.—Ceci est important. Témoin, rappelez-vous bien ces faits.

Le témoin.—Il m'a parlé des faits avant sa déclaration et après la lecture qu'on m'en a faite.

Steuble. — C'est impossible : j'étais trop malade pour parler.

Le président.—Témoin, quand étiez-vous à l'infirmerie?

Le témoin.—J'y étais déjà quand les médecins y sont venus.

Me Ch. Ledru.—Le témoin s'appelle tantôt Fabre, tantôt Ferrot. Son nom véritable ne serait-il pas Pernot?

Ferrot.—Mon nom véritable est Fabre dit Ferrot.

Me Charles Ledru.—N'avez-vous pas pris le nom de Pernot?

Ferrot.—Jamais.

On fait rentrer Hubert et Mlle Grouvelle, et M. le président leur explique ce qui s'est passé en leur absence. Au compte-rendu de la déposition du témoin Ferrot, Mlle Grouvelle s'écrie : Prenez-y garde, M. le président, vous savez que le témoin Ferrot n'est qu'un voleur.

L'audience est suspendue pendant vingt minutes.

M. Lebel, directeur de la Conciergerie, est appelé.

Le président.—A quelle époque le détenu Ferrot était-il à l'infirmerie?

Lebel.—Quand le secret de Steuble a été levé entièrement. Avant, il y avait auprès de Steuble une autre personne que Ferrot.

M. Wengber, interprète, donne lecture en allemand de tous les interrogatoires subis par Steuble depuis son arrestation. Celui-ci signale une foule d'inexactitudes dans la rédaction de ses réponses.

Après deux heures et demie de lecture, sur la demande de Steuble, qui se trouve fatigué, l'audience est levée.

Audience du 10.

Les accusés sont introduits à dix heures trois quarts. Ils paraissent péniblement affectés. Vincent Giraud n'est pas amené à l'audience.

Le bruit se répand dans la salle que ce dernier accusé a été atteint pendant la nuit d'une violente fièvre cérébrale. On annonce que les cinq mois de secret rigoureux subis par Giraud depuis son arrestation ont occasionné ce grave accident.

A l'ouverture de l'audience, M. le président donne connaissance à MM. les jurés du procès-verbal des médecins qui ont visité Vincent Giraud. Ils sont entendus eux-mêmes ensuite, et déclarent que Giraud va mieux, mais qu'il n'est pas encore en état de supporter la fatigue de l'audience.

Le président.— Considérant que d'ici à demain un changement en bien ou en mal devra se manifester dans l'état de l'accusé Giraud, et que d'ici là on ne saurait rien statuer de définitif, la cour, faisant application de l'art. 555 du code d'instruction criminelle, remet la cause à demain dix heures. Agitation prolongée.)

L'audience est levée à onze heures.

Audience du 11.

Les accusés sont introduits à dix heures et demie.

La cour entre immédiatement en séance.

Les trois docteurs Vallerion, Auviti et Viardonne sont introduits; l'un d'entre eux donne lecture du procès-verbal suivant :

« Nous, docteurs soussignés, nous sommes réunis hier et aujourd'hui pour donner des soins à Vincent Giraud. Nous sommes heureux d'avoir à faire connaître à la cour que l'état de cet accusé est notablement amélioré.

» Il prendra quelques alimens aujourd'hui, et il sera probablement en état d'assister demain aux débats. »

M. le président interpelle les médecins sur le point de savoir si le jour de demain ne serait pas trop rapproché, et si le convalescent, étant soumis à une température plus élevée et à l'émotion d'un débat, ne serait pas exposé à une nouvelle attaque du genre de celle qu'il vient de subir.

M. Auviti.—Nous ne le pensons pas; nous croyons qu'il

demandait; on exigeait de moi une promesse par écrit (Mouvement).

Le président. —On vous demandait une lettre, cela n'a rien d'extraordinaire.

Le lendemain, vous avez renvoyé le passeport et l'argent; vous avez même consigné ce fait dans une lettre que le *Bon Sens* a publiée.

Hubert. —Elle a été publiée par le *Bon Sens*, à qui je l'avais moi-même envoyée.

M. le président interroge ensuite Mlle Grouvelle.

D. —Il résulte de l'instruction que vous donnez habituellement vos soins aux malheureux, que vous secourez les prisonniers, que vous visitez les hôpitaux et les malades. Nous savons par une pièce du dossier, qu'à l'époque du choléra vous vous êtes volontairement attachée à l'une des ambulances de Paris. Cependant nous devons dire avec l'instruction que votre dévoûment s'exerçait de préférence envers les personnes connues pour appartenir à l'opinion républicaine.

Mlle Grouvelle. —Chacun tient à ses opinions, M. le président. Je tiens aussi beaucoup aux miennes.

D. —N'avez vous pas fait partie de l'Association pour l'instruction du peuple ? N'avez-vous pas fait partie d'un comité de vingt personnes, qui était nommé par les cohortes?

R. —Tout cela me paraît assez peu important, mais, au reste, c'est vrai.

D. —A l'époque de l'exécution de Morey et de Pépin, vous avez donné les plus grands signes d'exaspération et manifesté vos sympathies ?

R. —Puisque vous le voulez, je vous dirai quelle est mon opinion sur Pépin et Morey.

D. —Non ! non ! il ne s'agit pas de cela !

R. —J'ai sur leur compte des certitudes arrêtées.

Le président. —Il existe au dossier des pièces qui attestent, je ne dirai pas vos sympathies à leur égard...

Mlle Grouvelle. —Mais mon affection, car je suis convaincue que, dans cette malheureuse affaire, l'innocent a payé pour le coupable.

M. le président passe ensuite aux papiers livrés par la mère et le père de la demoiselle Hergalant; il s'attache particulièrement à la lettre dans laquelle Mlle Grouvelle, faisant l'éloge d'Hubert, termine en disant qu'il y a chez lui du Morey et de l'Alibaud. Mlle Grouvelle reconnaît les pièces qui lui sont représentées.

D.—Pourquoi avez-vous refusé de répondre dans l'instruction ?

Mlle Grouvelle.—Parce que nous voulions concerter notre défense, pour dire la vérité tout entière.

Le président.—Hubert, convenez-vous que vous connaissiez Mlle Grouvelle depuis quelque temps?

Hubert.—Quand j'étais à Clairvaux elle envoyait aux prisonniers des secours dont j'eus ma part; lorsque je fus sorti je m'empressai de me rendre chez elle, et cela n'a rien que de naturel.

Steuble est ensuite interrogé. Il n'entend pas le français.

M. le président rappelle ici les aveux que cet accusé a faits pendant l'instruction.

Steuble répond que cette déclaration n'est pas vraie, parce qu'elle a été faite sous l'influence d'une maladie. On m'a mis, dit-il, dans la plus mauvaise prison; j'étais privé d'air, j'avais perdu la raison, et alors on me fit faire cette déclaration.

D.—Qui vous l'a fait faire?—R. M. Simonnin.

L'accusé explique ici qu'il n'a pas été question de machine entre lui, Hubert et Mlle Grouvelle.

Hubert nie qu'il ait jamais été question entre Steuble et lui de machine; il ajoute que le père de Steuble avait proposé sa machine à Nicolas...

Le président.—Fxpliquez-vous plus décemment , dites comme tout le monde.

Hubert.—Je dirai si vous voulez le tyran Nicolas , ce mot est pour moi le synonyme d'empereur. Le père de Steuble, pour toute réponse, fut renfermé dans une forteresse de Nicolas...

Le président, vivement.—Accusé, expliquez-vous comme tout le monde; veuillez dire à l'avenir de l'empereur de Russie (Mouvement).

Interrogée par M. le président , Mlle Grouvelle répond qu'Hubert et Steuble se décidèrent à partir pour Londres après les fêtes de juillet , et le motif qui les détermina fut que l'amnistie n'avait pas été complète, ainsi qu'ils l'avaient espéré, mais vainement.

Steuble, interpellé à son tour, déclare que le motif qui a déterminé son voyage en Angleterre est celui-ci : J'avais des réclamations à exercer envers le gouvernement anglais.

D.—Les avez-vous exercées ?—R. Oui.

D.—A qui vous êtes-vous adressé ?—R. A lord Elliot.

pourra, sans inconvénient, supporter le débat demain. Nous l'aurions même fait comparaître aujourd'hui , si nous ne nous étions pas posé la même question que celle qui vient d'être posée par M. le président.

Me Teste, au nom des autres défenseurs, déclare s'en rapporter à la sagesse de la cour sur ce qu'il convient de faire.

La cour continue l'audience au lendemain.

Audience du 12.

Les accusés sont introduits à dix heures et demie.

Vincent Giraud est présent ; il est extrêmement pâle et a l'air souffrant encore. Il est enveloppé d'un manteau. La tenue des autres accusés est toujours calme.

L'audience est ouverte.

M. le président résume les débats des dernières audiences, et, arrivé à la déposition de Ferrot, il donne lecture de l'écrou de ce dernier à la Conciergerie. Ferrot a été condamné par la cour d'assises de la Seine, le 29 décembre 1837, à 20 ans de travaux forcés pour vol qualifié, et à l'exposition, qu'il subit vers la fin de décembre 1837. Il y quelques mois, il a de nouveau été écroué pour vol à la Conciergerie. (Mouvement.)

M. Wenger, interprète, donne ensuite lecture en allemand des interrogatoires subis par Steuble pendant l'instruction.

L'accusé Steuble nie tout ce qui, dans ces interrogatoires, tendrait à faire croire qu'une machine pour tuer le roi a été concertée contre lui, Mlle Grouvelle et Hubert.

Me Hemersdinger. — Je demande que les lettres écrites par Steuble à M. Simonnin, et dont ce dernier est porteur, soient communiquées à la défense.

M. Franck-Carré. — Il faudrait auparavant que ces lettres fussent devenues pièces du procès.

Me Hemersdinger. — Comment ! dans le procès, M. Simonnin est, comme interprète, en quelque sorte l'associé du juge d'instruction, et moi, défenseur, je ne pourrais pas connaître les rapports qui ont existé entre lui et Steuble ?

Le président. — Prenez des conclusions.

Le défenseur écrit les conclusions dont voici le texte :

« Attendu que l'accusé Steuble a écrit plusieurs lettres à M. Simonnin , associé comme interprète au juge d'instruction, je demande que la cour veuille bien donner acte de l'envoi de ces lettres , et ordonner qu'elles seront jointes au procès et communiquées à la défense. »

M. Franck-Carré, procureur-général, s'en rapporte à la prudence de la cour.

M. Simonnin. — Ces lettres n'étaient pas officielles, mais particulières. Elles étaient relatives à quelques demandes qu'il voulait faire et qu'il me priait de traduire.

Me Em. Arago. — Nous prenons acte de la déclaration que vient de faire en ce moment M. Simonnin. Nous ne concevons pas que des rapports autrement qu'officiels, des rapports particuliers aient existé entre l'accusé et l'interprète chargé de traduire les débats.

La cour se retire pour délibérer sur les conclusions du défenseur de Steuble.

Après quelques minutes de délibération la cour rend un arrêt par lequel elle ordonne que les lettres adressées par Steuble à M. Simonnin seront jointes aux pièces, et traduites par M. Ungher, interprète.

L'audience est suspendue pendant une demi-heure.

A la reprise de l'audience, M. le président ordonne que l'on fasse sortir Mlle Grouvelle et Hubert, et interroge l'accusé Steuble.

D. Steuble, oubliez tout ce que vous avez dit jusqu'à présent ; place entre les déclarations que vous avez faites dans l'instruction et celles que vous avez faites dans les dernieres audiences, vous devez aujourd'hui dire toute la vérité ; c'est le seul et véritable moyen d'obtenir l'indulgence quand on en a besoin, et un acquittement sûr quand on y peut compter.

Steuble. — Je la dirai.

D. Chez qui avez-vous parlé de machine en Angleterre ? — R. Chez Moutier, et non chez Mlle Grouvelle.

D. Hubert ne vous a-t-il pas conduit chez Mlle Grouvelle ? — R. Oui, plusieurs fois.

D. Pourquoi faire ? — R. Parce que je me trouvais sans travail, sans argent ni secours.

D. Elle vous a donc secouru ? — R. Elle m'a secouru ; elle m'a donné quelque argent, et m'a nourri pendant plus d'un mois.

M. le président représente à l'accusé le plan qui a été trouvé dans le chapeau d'Hubert.

Steuble reconnaît ce plan pour celui qu'il a dessiné en Angleterre. Hubert, à son retour à Londres, demeura chez lui. Steuble continua à voir Souillard, mais il s'abstint de rendre visite aux autres réfugiés français.

Quand Hubert fut de retour de France, continue Steuble, le dessin était fini. J'eus une petite contestation avec Hubert à propos d'une lettre ; c'est alors que le dessin disparut, mais je ne sais pas comment il est venu entre les mains d'Hubert. Je ne me suis aperçu d'aucune effraction aux tiroirs de ma commode. Il n'est pas étonnant qu'il ait pénétré dans ma chambre ; en Angleterre, les chambres ne sont jamais fermées à clef.

Ici l'interprète donne lecture de la pièce trouvée dans le portefeuille d'Hubert et écrite en allemand. Steuble reconnaît cette pièce pour être la description du plan de la machine. Il ne sait comment elle s'est trouvée entre les mains d'Hubert.

Interpellé sur la brouille qui éclata entre Hubert et lui, Steuble déclare que cette brouille a eu pour cause une question d'argent.

M. le président donne ici lecture d'une lettre écrite par Steuble à Hubert après leur brouille. Cette lettre, qui a été relatée dans l'acte d'accusation, contient des reproches adressés par Steuble à Hubert, sur ce que ce dernier l'aurait traité comme un coquin.

Steuble ne se rappelle pas si Hubert l'a menacé d'un coup de couteau.

Le président. — Je vous répète cette question : Des conventions positives ont-elles existé entre vous et Hubert pour construire une machine ?

Steuble. — Je répète que jamais Hubert ne m'a dit qu'il voulait donner une destination à la machine ; il m'a dit qu'il fallait la confectionner pour la vendre, et voilà tout.

D. Pourquoi donc insistiez-vous auprès d'Hubert pour savoir quelle était la destination que ce dernier voulait donner à la machine ? — R. C'est tout simple ; je devais confectionner la machine, et j'étais bien aise d'en connaître la destination.

D. Pourquoi vous plaigniez-vous si fort d'Hubert dans la lettre qui vient d'être lue ? — R. Parce que les plans m'avaient été pris, je ne savais ni comment ni pourquoi.

M. le président donne lecture des autres pièces trouvées dans le carnet d'Hubert, ainsi que de la traduction des chiffres qui constituaient un langage de convention. (Nous avons donné cette traduction et ces lettres quand nous avons analysé l'acte d'accusation.)

Steuble déclare être descendu d'abord chez Moutier à son retour d'Angleterre et être allé ensuite chez Vincent Giraud; il ne se rappelle pas qui l'a conduit chez ce dernier, où il est resté jusqu'au moment de son arrestation. Il allait quelquefois chez Mlle Grouvelle pour y apprendre le français.

D. Steuble, répondez catégoriquement. Y a-t-il eu entre Hubert et vous une convention pour construire une machine? — R. Il en a été question.

D. N'était-il pas convenu entre vous que cette machine devait servir à tuer le roi? — R. Non, monsieur, il n'a jamais été question entre nous que la machine devait servir à tuer le roi.

Le procureur-général.—Avec qui Steuble devait-il traiter au nom de la république française? quel était le représentant de cette république?

Steuble.—J'ai écrit ce traité sans y penser, sans y attacher aucune importance.

Le procureur-général.— Comment se fait-il que ce traité qui avait pour but d'exclure Hubert de l'entreprise, se trouva entre ses mains?

Steuble.—Je n'en sais rien.

Un long débat s'engage entre M. le président et Steuble sur la question de savoir si la machine avait une destination: Steuble persiste dans ses dénégations.

Vincent-Giraud demande que l'audience soit renvoyée à demain.

Le président. — La cour désirerait, avant de suspendre l'audience, rendre compte à Hubert et Laure Grouvelle du débat qui vient d'avoir lieu. Cela aura lieu en peu de mots. Néanmoins, la cour est prête à satisfaire au désir que vous venez de manifester, si vous éprouvez absolument le besoin de sortir.

Vincent Giraud.—J'attendrai, monsieur le président.

Hubert et Mlle Grouvelle sont ramenés à l'audience. M. le président leur rend compte du débat qui vient d'avoir lieu.

Sur la demande de MM. les jurés, la cour remet l'audience au lundi suivant.

Audience du 14 mai.

M. le président rappelle succinctement les précédentes déclarations faites par l'accusé Hubert aux débats. Cet accusé persiste dans ses déclarations.

D. Vous êtes parti pour Londres, le 30 septembre, avec un passeport signé Stiégler.—R. Cela est vrai.

D. Qui vous avait procuré ce passeport? — R. Dans cette malheureuse affaire il y a déjà eu bien assez d'arrestations pour que le silence que je veux garder sur le nom de celui qui me l'a procuré me soit pardonné.

D. Stiégler existe, et c'est lui-même qui a demandé le passeport. Est-ce lui qui l'a remis?—Non, monsieur, c'est un tiers qui me l'a donné, et Stiégler ignorait à qui il devait être remis.—D. N'avez-vous pas vu Mlle Grouvelle pendant ce voyage? — R. Quelquefois. — D. Ne vous fit-elle pas ses adieux à la barrière Saint-Denis.—R. Non, monsieur, pas alors; ce fut à mon premier départ qu'elle me conduisit jusqu'à cet endroit.—D. Ne revîtes-vous pas Steuble à Londres?—R. Je le revis; il fréquentait des personnes qui me parurent suspectes, et je lui dis qu'on le trompait : nous eûmes quelques difficultés pour de l'argent. Il me parlait d'une machine de guerre; je ne lui demandais qu'une chose, c'était de ne pas en construire pour le gouvernement français.—D'où provenait l'argent que vous aviez distribué à Steuble à Londres?—R. D'un ami que je. nommerai pas, parce que je ne veux pas le compromettre inutilement.

D. Après le départ de Steuble de Londres, vous y ête resté quinze jours; qu'y avez-vous fait? — R. J'étais indisposé, et aussitôt que je fus convalescent, je me disposai à repartir pour Paris.

D. Vous êtes revenu de Londres à Boulogne le 6 décembre, sans argent?—R. Oui.

D. N'avez-vous pas écrit, de Boulogne, à Mlle Grouvelle, pour lui en demander?—Oui, monsieur, j'en avais besoin pour continuer mon voyage.

D. Vous perdîtes votre portefeuille à Boulogne?—J'ignore si je le perdis ou s'il me fut volé.

M. le président interroge Mlle Grouvelle.

D. Hubert vous a écrit de Boulogne?—Non, monsieur, la lettre ne m'était pas adressée. Elle m'a été remise par une dame de mes amies. Ainsi, le témoin qui dit avoir lu mon nom sur l'adresse ne dit pas la vérité.

D. Dans l'instruction, vous n'avez pas non plus reconnu une lettre adressée à Leproux.—R. Je reconnais la lettre, mais je nie avoir indiqué sur l'adresse à qui je la destinais. Le nom de Leproux n'y était pas. C'est précisément à cause de cette adresse, que je n'y ai pas mise, et qui y a été ajoutée que je n'ai pas voulu reconnaître cette lettre dans l'instruc-

M. le président donne lecture d'une lettre de Steuble en date du 29 septembre, et dans laquelle cet accusé annonce qu'il vient de se charger d'une entreprise extrêmement importante, qui, si elle réussit, le rendra très heureux, mais qu'il désire que ses parens ou ses amis ignorent où il est.

M. le président, à Steuble. — Quelle était cette grande affaire ? — R. Il s'agissait d'un arsenal que je devais organiser tout seul. Cette entreprise concernait l'Amérique.

D. A quoi bon le mystère dont vous vouliez envelopper cette affaire ? — R. Parce que, plus tard, je voulais surprendre agréablement mes parens et mes amis en cas de réussite.

D. Étiez-vous brouillé avec Hubert lorsque vous avez écrit cette lettre ? — Oui, monsieur.

M. le président. — Savez-vous, Hubert, quelle est cette entreprise dont Steuble entendait parler ?

Hubert. — Je savais qu'avant mon départ, Steuble s'occupait de dessins de machines dont j'ignorais complètement la destination. Je sais seulement qu'il espérait vendre ces machines, soit à l'ambassadeur de Turquie, soit à l'ambassadeur espagnol, soit au gouvernement anglais.

M. le président. — Steuble a déclaré dans l'instruction que vous l'aviez trompé, et que, s'il n'y avait pris garde, vous l'auriez assassiné à coups de couteau. Cette déclaration paraît concorder avec la lettre signalée, et dont il manque un fragment.

M⁰ J. Favre fait observer que l'accusation elle-même s'est abstenue de tirer des inductions de cette lettre.

M. le président. — Je m'appuie sur l'interrogatoire subi par Steuble.

M⁰ J. Favre. — Cet interrogatoire est nié par Steuble.

M⁰ Emm. Arago. — Par conséquent il n'appartient plus aux débats.

M. Franck-Carré. — Il appartient toujours aux débats. Il serait beaucoup trop commode de rejeter ainsi une pièce de l'instruction.

M⁰ Emm. Arago. — Il serait beaucoup trop commode aussi de tirer des inductions favorables à l'accusation d'une lettre lacérée, et dont le sens réel manque.

D. A quel sujet avez-vous fait des menaces à Steuble ? — R. Nous avons eu une querelle, mais, je l'ai déjà dit, je ne lui ai jamais fait de menaces.

M. le président. — Vous avec écrit à Mlle Grouvelle, lorsque votre portefeuille fut perdu, une lettre dans laquelle

vous manifestiez la crainte de voir tomber entre les mains
de la police, la lettre à Leproux, lettre dans laquelle, écri-
viez-vous à Mlle Grouvelle, vous vous expliquiez assez
ouvertement sur votre entreprise. Quelle était cette entreprise?

Hubert. —Il s'agissait de faciliter l'introduction en France
d'un réfugié de mes amis.

D. Mais dans cette lettre vous dites : *Tout le matériel est
concentré dans Paris.* Cela n'a aucun rapport avec l'introduction en France d'un réfugié. Expliquez-vous?—R. J'en-
tendais par ces mots : *matériel concentré dans Paris,* les
armes, les forces que de son côté le peuple qui souffre peut
se procurer, telles que les fusils, les sabres, les pistolets, et
les forces concentrées que, de son côté, le pouvoir possède,
et qui accablent les ouvriers.

M. le président.—Les ouvriers qui travaillent ne souffrent pas.

Hubert. —Si vous voulez discuter cela avec moi...

M. le président.—Je vous ai déjà dit que toutes les fois
que vous jetteriez dans les débats des paroles aussi incen-
diaires que celles-là, je ne vous répondrais que par un mot.

Hubert. —C'est vous qui provoquez...

M. le président.—Vous dites, dans votre carnet, qu'il
faut se hâter de tuer le tyran, le *capitan-pacha ignoble.*

Hubert. —Je répète que la traduction de ces chiffres est un
problème pour moi.

D. Vous dites aussi que vous avez trouvé à 50 milles de
Londres, un chimiste distingué qui vous a promis de vous
fournir de la poudre fulminante pour la fabrication de fusées à la congrève?—R. La traduction de ces chiffres est un
problême pour moi! je n'ai que cela à dire.

Ici M. le président donne lecture de la lettre citée par
l'acte d'accusation, lettre attribuée à Hubert, et relative aux
projets de foudroyer le roi à l'ouverture des chambres, et
d'incendier le Palais-Bourbon à l'aide de fusées à la congrève. Hubert déclare que le texte n'est pas de lui; c'est un
fragment qu'il aurait copié d'une lettre que lui aurait remise Steuble à Londres. Il déclare que sachant que les lettres
ne pouvaient pas entrer cachetées en France, il avait déca-
cheté cette lettre, en avait copié le fragment dont parle
l'accusation, et avait jeté le texte à la mer. D'ailleurs, ajoute-t-il, il est bien facile de voir que ce fragment n'exprime nullement mes sentimens. La lettre que l'on dit
être adressée à Leproux est une preuve que j'avais confiance

dans la chambre qui, (je le pensais ainsi) aurait pu détourner le pouvoir de ses mauvais desseins. Un anarchiste, un assassin n'aurait certainement pas eu confiance dans la chambre; il n'aurait pas eu foi, comme je l'avais, dans une révolution morale.

M. le président à Steuble. — Avez vous remis des lettres à Hubert à son départ de Londres pour Paris?

Steuble. — Je lui en ai remis effectivement plusieurs.

L'audience est suspendue pendant une demi-heure.

A la reprise de l'audience M. le président, par l'entremise de M. Wenger, interprète, rend compte à Steuble des débats qui ont eu lieu avant la suspension de l'audience.

Steuble. — Plus tard, j'aurai quelques observations à faire sur ce que l'on vient de me lire.

M. le président donne ici la lecture de la note écrite au crayon sur le carnet d'Hubert, et qui est relatée dans l'acte d'accusation.

Hubert, à qui le carnet est représenté, après l'avoir assez long-temps parcouru, déclare qu'il ne peut pas plus expliquer ces lignes au crayon que les chiffres.

Interpellée, Mlle Grouvelle déclare n'avoir jamais reçu de lettres en chiffres d'Hubert.

Je n'ai, ajoute-t-elle, jamais écrit en chiffres. Quand j'écris à quelques-uns de mes amis pour exprimer mes sentimens politiques, ou pour m'occuper d'autres choses, j'écris comme tout le monde, sans mystère.

M. le président. — N'est-ce pas vous qui avez conduit Steuble chez Vincent Giraud?

Mlle Grouvelle. — C'est moi qui ai conduit Kluppel et Steuble chez Vincent Giraud, dont je connaissais la générosité. Je lui demandai s'il voulait recevoir deux réfugiés chez lui. Il s'empressa d'accéder à ma demande. Steuble tomba malade chez lui, il ne pouvait pas sortir, et j'allai le voir et lui donnai des soins.

D. N'avez-vous pas reçu une lettre de Hubert, datée de Boulogne le 6 décembre? — Oui, Monsieur.

D. Avez-vous su comment Hubert s'est procuré les plans de Steuble? — R. Non, monsieur, je n'ai jamais su que ce qu'il vous a déclaré.

D. Pourquoi, dans l'instruction, n'avez-vous pas fait ces réponses? — R. Dans l'instruction, on m'accusait vaguement d'avoir voulu tuer le roi : je fis observer que l'accusation était trop absurde et trop ridicule pour y répondre.

M. le président.—Vous avez eu tort de ne pas répondre aussi simplement que vous l'avez fait aujourd'hui.

Mlle Grouvelle.—Je ne savais pas de quoi j'étais accusée; on ne me montrait pas toutes les pièces; on ne me représentait pas le plan, etc., etc., et je ne fus interrogée qu'au bout de six semaines.

Ici M. le président donne lecture des premiers interrogatoires de Mlle Grouvelle. Cette accusée, à chaque question qui lui était adressée, ne répondait que ces mots : Je ne répondrai rien que je ne sache ce dont on m'accuse.

M. le président.—On vous disait cependant ce dont vous étiez accusée?

Mlle Grouvelle.—Je n'en savais rien, et j'étais persuadée que le gouvernement avait besoin d'un complot pour la rentrée des chambres, et que le sort était tombé sur nous.

M. le président. — Si vous aviez voulu répondre alors vous seriez peut-être aujourd'hui dehors.

Mlle Grouvelle.—Je ne le crois pas, M. le président, car vous voyez que ceux des accusés qui ont répondu à toutes les demandes n'ont pas été mis dehors plus que moi.

M. le président. — Dans la lettre que Hubert vous a envoyée de Boulogne, ce dernier vous exprimait ses regrets de la perte de la lettre écrite par lui à Leproux, et dans laquelle, vous disait-il, il lui parlait assez ouvertement de votre entreprise. Quelle était cette entreprise?

Mlle Grouvelle. — Il s'agissait de faire passer en France des réfugiés.

M. le président.—Mais ce n'est pas là une entreprise !

Mlle Grouvelle.—Nous avons dit *notre entreprise,* comme nous aurions pu dire *notre affaire,* ou tout autre mot dont nous aurions pu nous servir. Il ne s'agissait que de faire ce que je fais toute l'année, faire passer, sans que la police en eût connaissance, de malheureux réfugiés d'un lieu à un autre.

M. le président. — Je dois ici, accusée Grouvelle, vous faire une observation : Comment se fait-il que vous ayez ainsi été arrachée aux habitudes de votre sexe? comment se fait-il que vous soyez sur ces bancs comprise dans une accusation d'attentat; il y a là quelque chose d'extraordinaire?

Mlle Grouvelle. — Il y a une explication que Me Favre donnera à MM. les jurés, quand le moment en sera venu. Quant à présent, je n'ai pas autre chose à dire que ceci : J'ai voué ma vie à des actes de bienfaisance, et j'ai dû me préparer à tout. Si ces actes m'ont amenée sur ces bancs, ce n'est pas ma faute, et ce n'est pas non plus à ma honte. (Sensation.)

M. le président. — Vous avouerez que votre position est extraordinaire?

L'accusée. —Elle peut être extraordinaire pour vous, elle ne l'est pas pour moi.

Annat, condamné politique à l'occasion des affaires de juin, est ensuite interrogé.

Son interrogatoire n'offre rien d'important.

L'audience est levée à 5 heures.

Audience du 15.

M. le président procède à l'interrogatoire de M. Leproux. Il l'interroge d'abord sur ses antécédens.

M. Leproux déclare avoir fait connaissance avec mademoiselle Grouvelle par l'intermédiaire de Guinard. Il fit connaissance avec ce dernier à une table d'hôte à laquelle ils mangeaient habituellement. Il fut souvent question, à cette table d'hôte, de l'industrie du sucre indigène, et Leproux manifestait l'intention de faire construire une fabrique. Guinard lui proposa de le mettre en rapport avec M. Grouvelle, célèbre ingénieur-mécanicien.

L'accusé persiste à nier que ses rapports avec la famille Grouvelle aient eu d'autre objet que la construction d'une fabrique de sucre indigène. Cela est si vrai, dit-il, que de concert avec mon oncle, j'en ai fait construire une.

D. Il résulte cependant de l'instruction que vous n'étiez pour rien dans cette fabrique, qui était dirigée par votre oncle seul. —R. Je n'étais pas en nom, voilà pourquoi : mon père voulait absolument me faire entrer dans la carrière de la magistrature ; je résistai long temps, mais enfin il le voulut ; et, dans la crainte que cela ne nuisît à ma nomination, il m'engagea beaucoup à ne pas mettre mon nom en évidence, surtout dans une société industrielle. Mais il n'en est pas moins réel que je suis seul associé de mon oncle ; que les fonds qui ont été versés par mon père l'ont été pour moi, et que je me suis toujours occupé de la manufacture : les débats le prouveront.

D. Vous avez continué votre correspondance avec mademoiselle Grouvelle? — R. Avec son frère, et notre correspondance était toujours relative à la fabrique.

D. N'avez-vous pas reçu à Vervins une personne qui vous était recommandée par Mlle Grouvelle?—R. Oui, monsieur.

D. N'est-ce pas Hubert? — R. Je crois que oui ; mais je n'en ai acquis la certitude que depuis les débats.

D. Comment se présenta-t-il à vous ? — R. Je n'eus avec cette personne aucune explication ; il me dit qu'il était un ouvrier malheureux, je lui donnai 20 fr.

D. Ne vous fit-il pas part de son voyage à Londres ? — R. Jamais.

M. le président revient sur les pièces trouvées dans le carnet d'Hubert; ce dernier persiste dans les mêmes déclarations qu'il a faites à l'audience d'hier.

D. Mais quelle était donc cette entreprise dont vous parliez dans la lettre à Leproux ? — R. Toujours la même, il s'agissait d'introduire en France un réfugié de mes amis, qui avait absolument besoin d'être à Paris.

D. Il paraît peu probable que ces passages : *Tout le matériel est concentré dans Paris, nous pouvons frapper le grand coup*, et de *boire la ciguë jusqu'à la lie*, soient relatifs à l'entrée d'un réfugié ? — R. Vous ne comptez pas mon dévouement à l'humanité.

M. le président. —Vous parlez de votre dévouement à l'humanité, et cela, certes, peut paraître étrange, car vous avez déjà été condamné dans l'affaire dite de Neuilly, pour complot contre la vie du roi ; il s'agissait de jeter un baril de poudre dans la voiture de la famille royale.

Hubert. — Je n'ai pas été condamné pour complot contre la vie du roi , j'ai été condamné pour opinions politiques.

M. le président interpelle encore Hubert et Mlle Grouvelle sur le fragment trouvé dans le portefeuille. Leurs réponses sont les mêmes que précédemment.

Le débat continue sur ces lettres et sur les notes trouvées dans le carnet ; il n'offre plus qu'un mince intérêt.

Les précédens débats sont traduits à Steuble.

L'audience est suspendue pendant une demi-heure.

Vincent Giraud est interrogé. Il reconnaît avoir reçu chez lui en novembre 1857 Steuble et Kleappel ; il ne les connaissait pas ; mais il les reçut à la recommandation de Mlle Grouvelle. Je m'en réfère, dit-il à leur témoignage,

De Vauquelin est à son tour interrogé. Ce fut par Piquenot, commerçant à Bernay, qu'il connut Mlle Grouvelle ; ces relations n'eurent d'abord rien de politique.

Plus tard, je reçus Valentin, que je ne connaissais pas ;

il m'avait été recommandé par Mlle Grouvelle. Il venait de subir une opération fort douloureuse, l'extraction de l'œil, et il vint chez moi pour rétablir sa santé. Lorsqu'il fut rétabli, je lui donnai 38 fr. pour s'en aller.

M. le président. — Dans une de vos lettres, en parlant de Valentin, vous dites : *Notre frère.* Qu'entendez-vous par là ?

De Vauquelin. — J'entends par frère tout homme probe et libre. Je croyais alors qu'il était tel.

D. Etait-ce à cause de l'analogie de ses opinions avec les vôtres, qne vous l'appeliez ainsi votre frère ? R. Ce ne pouvaient être ses opinions, puisque je ne les connaissais pas plus que je le connaissais lui-même.

D. Comment s'est-il conduit chez vous ? — R. Fort bien pendant six semaines, deux mois à peu près. Depuis j'ai appris qu'il s'est livré à des écarts ; une seule fois j'en ai été témoin. Je l'ai perdu ensuite de vue.

M. le président. — Valentin, levez-vous. (Agitation.) Avant d'interroger cet accusé, nous devons, messieurs les jurés, vous expliquer comment Valentin se trouve au procès actuel. Le 19 septembre dernier, il fut arrêté à Paris, en vertu d'un mandat décerné contre lui par la cour royale de Poitiers. Il fut traduit devant cette cour pour faits politiques, pour propos injurieux et pour un faux qui consistait en ceci : Valentin acheta pour 400 fr. de marchandises chez un marchand de Poitiers, et lui offrit un billet signé de lui. Le marchand ne voulut pas accepter ce billet sans une seconde signature, Valentin y apposa lui-même celle d'un autre marchand de la ville ; la justice en fut informée, et il fut condamné par la cour d'assises de Poitiers à 5 années de réclusion et à l'exposition, qu'il a subie.

Interpellé sur ses relations avec Mlle Grouvelle, Valentin déclare qu'il l'a connue l'année dernière, le 11 mai, à l'hôpital de la Pitié, où elle vint le voir pendant sa maladie. Il manifesta le désir de prendre l'air de la campagne pour se rétablir ; Mlle Grouvelle lui dit : J'ai des relations en Normandie, je pourrai vous y envoyer : le 14 mai, Valentin se rendit chez Vauquelin.

D. Étant à Verneusse, chez Vauquelin, n'étiez-vous pas en correspondance avec Mlle Grouvelle ? — R. Oui, monsieur.

D. Quel en était l'objet ? — R. Je ne me le rappelle guère... Il s'agissait, je crois, de secours.

D. Vous parla-t-elle quelquefois d'Hubert ? — R. Oui,

elle m'écrivit une lettre, dans laquelle elle me disait qu'Hubert était doué de beaucoup de grandeur d'ame, qu'il y avait en lui du Morey et de l'Alibaud.

M. le président. — Vous entendez, accusée Grouvelle ?

Mlle Grouvelle. — J'entends parfaitement bien, mais je vous ferai remarquer que M. Valentin varie d'un jour à l'autre dans ses déclarations. Ses premiers interrogatoires ne ressemblent nullement à ce qu'il dit ici.

Ici Mlle Grouvelle fait ressortir avec beaucoup de vivacité les autres inexactitudes des déclarations de Valentin.

Le portrait d'Hubert que vous avez entre les mains, M. le président, ajoute-t-elle, n'est point une lettre écrite à Valentin ; cette pièce existait reellement, mais chez moi ; elle était sur une table ou une cheminée. Valentin venait chez nous, et nous n'avions pas alors de défiance contre lui, et il se peut qu'il l'ait soustraite ; un peu plus tard il fut éconduit, parce qu'il s'était rendu coupable de vol dans une maison ; ce fait sera constaté aux débats... Voilà le secret de son mauvais vouloir contre nous.

M. le président. — Valentin, cette lettre vous a-t-elle été réellement adressée, ou bien l'avez-vous prise chez la demoiselle Grouvelle ?

Valentin. — Il est si vrai que j'ai reçu cette lettre, que M. Piquenot, que vous entendez, et que M. Vauquelin pourront vous l'affirmer.

De Vauquelin. — Ce que dit là M. Valentin est faux !

M. le président fait sortir de l'audience de Vauquelin et Vincent Giraud.

Un débat contradictoire s'établit, par l'organe de M. le président, entre Valentin et Mlle Grouvelle. Valentin confirme les déclarations qu'il a faites dans l'instruction.

Mlle Grouvelle s'attache à démontrer qu'il n'y a que des contradictions dans ces déclarations. Cet homme, dit-elle, ne fait que des mensonges, c'est son habitude, c'est encore son habitude de voler.

Valentin déclare que lorsque Vincent Giraud eut obtenu de Vauquelin l'argent qu'il était venu chercher, cet accusé lui avait avoué que cette somme devait servir à la confection d'une machine à l'aide de laquelle on devait tuer le roi ; il reconnaît cependant que Vauquelin ne connaissait pas, alors, la destination de cet argent.

Mlle Grouvelle. — Il a dit le contraire dans son interrogatoire, et j'ajoute qu'il est étonnant de voir un pareil homme dans des débats aussi graves ; un homme aussi méprisable !

Me Ferdinand Barrot fait observer que Valentin a déjà plusieurs fois démenti une partie des mensonges qu'il avait avancés d'abord.

Mlle Grouvelle. — M. Valentin prisonnier par suite d'une condamnation infamante, a eu connaissance de ce qui nous était reproché. Un homme comme lui a dû profiter de ce qu'il a appris pour chercher à améliorer sa position, en nous compromettant. Il n'est pas étonnant que Valentin nous en veuille, nous lui avons fait du bien.

Valentin persiste dans ses déclarations précédentes. Il n'a appris, dit-il, l'arrestation d'Hubert à Boulogne, qu'en lisant la *Charte de 1830*.

Mlle Grouvelle affirme de nouveau que Valentin a volé chez des personnes à qui elle l'avait recommandé.

Les gendarmes ramènent Vincent Giraud.

M. le président. — Vincent Giraud, pourquoi êtes-vous allé à Verneusse chez Vauquelin, et quel était le motif de ce voyage ?

Vincent Giraud. — D'abord, pour obtenir des marchandises à vendre par commission en passant à Bernay, puis je fus à Verneusse pour parler à M. de Vauquelin de la nécessité d'établir une caisse de secours pour les détenus politiques.

D. Vous vîtes Valentin à Verneusse : lui parlâtes-vous d'une entreprise ? — R. Je le vis, mais ne lui parlai nullement d'entreprise.

Valentin. — Le soir, dans la chambre, Giraud me dit qu'il s'agissait d'une bonne affaire, et qu'il y avait du pain sur la planche si elle réussissait. Il s'agissait de tuer le roi...

Vincent Giraud (avec énergie). — Ça n'est pas vrai !... Vous en avez men... (Mouvement.) C'est faux !

Me Favre. — Pour mon compte, je suis persuadé que Valentin n'a fait que répéter une leçon.

M. de Vauquelin est ramené à l'audience. Cet accusé confirme ses précédentes déclarations.

Valentin déclare de nouveau qu'il a été question, chez Vauquelin, d'une machine pour tuer le roi.

M. de Vauquelin. — Cet homme en impose à la justice ! Ce qu'il vient d'articuler est faux ! Il en impose !

Après une suspension de cinq minutes, Valentin rend compte de son arrivée à Paris ; il se rendit chez Mlle Grouvelle qui, ajoute-t-il, lui avoua qu'Hubert était allé à Londres pour la construction d'une machine. Elle me montra ensuite, ajoute-t-il, une lettre en chiffres dont je ne pouvais lire les caractères. Un homme Moutier, chez lequel j'ai logé, me dit qu'il était chargé d'acheter de la poudre et de faire entrer la machine dans Paris.

M. le président. — Qu'avez vous à répondre, Mlle Grouvelle?

Mlle Grouvelle. — C'est une misérable parodie de Fieschi que ce M. Valentin!... Mais il ne nous conduira pas à l'échafaud.

M. le président. — Et vous, Hubert?

Hubert. — Je n'ai aucune explication à donner en réponse aux allégations de cet homme; je ne veux pas lui répondre, je le méprise trop!

Me F. Barrot demande que lecture soit donnée des premières déclarations écrites de Valentin.

Un de messieurs les conseillers fait cette lecture.

Steuble, à qui l'interrogatoire de Valentin est transmis par l'interprète, dit : Ce misérable ne devrait pas se permettre de dire que j'aie jamais parlé de machine à Mlle Grouvelle, car cela n'est pas.

L'audience est levée.

Audience du 16.

Continuation de l'audition des témoins commencé.

M. Moutier, marchand de vins traiteur, rue Marie-Stuart, n° 11, dépose qu'au mois de mai, Hubert et Steuble logèrent chez lui, Hubert mangeait à la même table que Steuble; ils parlaient allemand.

D. Steuble a-t-il quelquefois parlé français? — Jamais il n'en a prononcé un mot.

D. Mlle Grouvelle est-elle quelquefois venue voir Steuble chez vous? — R. Jamais.

D. Avez-vous entendu parler chez vous de machines? — R. Ma foi non.

D. Êtes-vous allé chez Mlle Grouvelle? — R. J'y suis allé porter une lettre d'Hubert. Je l'ai revue ensuite pour mes affaires, mais je ne me suis jamais aperçu qu'il fût question de politique ou d'autre chose entre'elle. Hubert et Steuble. Je crois que Hubert voulait se marier avec elle.

D. Est-ce qu'Hubert vous a parlé de ce mariage? — R. Oh ma foi non! c'est moi qui m'avais mis cela dans la pensée. (On rit.)

C'est Mlle Grouvelle, continue le témoin, qui m'envoya

Valentin. « Recevez-le bien, m'écrivait-elle; je pense qu'il vous paiera bien; dans tous les cas j'en réponds. » Valentin rentrait très tard, quelque fois il ne rentrait pas. Je le mis dans une chambre avec deux autres jeunes gens horlogers. Ces deux jeunes gens se connaissaient très bien; l'un d'entre eux avait un soir déposé son argent sur une commode; le lendemain il lui manquait 10 fr.

D. Soupçonnez-vous Valentin de ce vol?—R. Ah! dame! je ne sais pas.

D. Connaissiez-vous les deux autres jeunes gens?—R. Je les connaissais très-bien, ce sont d'honnêtes gens, et je les crois incapables d'une mauvaise action comme celle-là.

Annat.—Il y a eu un horloger chez Moutier qui a dit que Valentin avait escroqué 10 fr.

M. le président.—Mais mon Dieu, il s'agit d'autant moins de cela que personne ici n'a défendu la moralité de Valentin. La cour a eu soin d'expliquer à MM. les jurés la position de Valentin dans ce procès.

Annat.—Il a volé des bottes chez un nommé Cahuzac de Bordeaux.

M. le président.—Vous arguez là des faits inconnus à l'instruction. Signalez-les à M. le procureur du roi, et ils seront poursuivis, mais nous ne pouvons nous livrer ici à une autre instruction.

Valentin.—On pourrait retrouver l'horloger.

Me Favre.—Valentin a-t-il parlé au témoin de machines.

Moutier.—Jamais.

M. Moulin, second témoin, connaît Hubert et Valentin.

D. Que savez-vous de l'affaire?—R. Rien.

D. Avez-vous su le départ d'Hubert pour Londres?—R. Oui.

D. Par qui l'avez-vous appris?—R. Par Valentin.

D. Lui en avez-vous demandé le motif. —Non monsieur, je ne lui ai rien demandé, et j'avais mes motifs pour cela.

D. Lesquels?—R. C'est qu'on m'avait dit qu'il avait volé 20 fr. à un clerc de notaire. Je dis alors à Moutier qu'il ne fallait pas lui faire crédit parce que c'était un escroc.

D. Quelqu'un autre que vous connaît-il ce fait?—R. Il y a un M. Vilcocq qui a connu très-intimement la personne volée; mais il en a volé d'autres.

Annat.—Ce n'était pas son premier vol.

Le témoin Stiégler, tailleur, ne connaît aucun des accusés.

D. N'avez-vous pas pris, dans le mois de septembre 1827, un passeport pour l'Angleterre?—Oui, monsieur.

D. Savez-vous ce qu'il est devenu?—R. Non, monsieur, je l'ai perdu le même jour.

D. Pourquoi n'êtes-vous pas allé à Londres?—R. Je n'avais plus de passeport.

D. Pourquoi n'en avez-vous pas pris un autre? — Je n'avais plus le sou pour le faire. J'ai voulu emprunter de quoi en avoir, on me l'a refusé.

D. Comment l'avez-vous perdu?—R. Je ne sais pas: j'avais trop bu pour m'en apercevoir; je perdis en même temps mon livret.

Plusieurs témoins sont encore entendus sur les relations d'Annat, Steuble et Vincent Girand. Ces dépositions ne révèlent aucun fait important.

M. Brouard, docteur médecin, qui a d'abord été inculpé, raconte les soins qu'il a donnés à Mlle Grouvelle et à Steuble.

La déposition de Keeppel est conforme aux déclarations faites à l'audience par Steuble. Mlle Grouvelle s'est occupée avec beaucoup de sollicitude de trouver de l'emploi à ce témoin, qui a logé avec Steuble pendant quelque temps. Il n'a jamais vu chez Steuble, que le dessin d'une machine pour fabriquer des clous. Il n'a jamais été question d'autre machine entre lui et cet accusé.

Pauchet (Adolphe), employé de douanes à Boulogne-sur-Mer, est introduit. Il raconte comment il a trouvé le portefeuille d'Hubert, et le fait à peu près dans les mêmes termes que ceux dont s'est servi l'acte d'accusation.

Le portefeuille et les pièces qui l'accompagnaient sont représentés au témoin, qui les reconnaît; il affirme que l'adresse était sur le dos de la lettre adressée à Leproux.

Hubert.—Cette lettre est restée pendant quelque temps entre les mains du propriétaire de la maison où demeure le témoin.

Pauchet.—Avant de remettre le portefeuille à personne, je l'ai visité, et j'ai cru que la lettre contenait l'adresse à Leproux.

Darras, brigadier de douanes, était présent le 10 décembre quand on fit à haute voix lecture d'une lettre qui était dans le portefeuille d'Hubert.

D. A qui était-elle adressée?—R. A M. Leproux, juge suppléant à Vervins.

D. Vous rappelez-vous ce qu'elle contenait?—R. Elle était si incendiaire qu'elle me troubla l'esprit, et je ne m'en rappelle pas.

D. L'avez-vous lue vous-même?—R. Non, mais on l'a lue à haute et intelligible voix.

D. Alors vous devez savoir comment elle était conçue?—R. Elle m'avait bien troublé... mais... elle était conçue en esprit de haute trahison contre l'état et la personne du roi. (On rit.)

Le témoin ajoute qu'il devait faire beaucoup de boue le jour où le portefeuille fut trouvé, parce qu'il avait beaucoup plu.

Une autre douanier confirme les précédentes déclarations.

Le commissaire de police de Boulogne rend compte de l'arrestation d'Hubert, opérée par lui.

Ringot, qui a été détenu à Boulogne avec Hubert, déclare que ce dernier lui confia que son portefeuille contenait un plan qui pourrait faire arrêter plus de deux cents personnes, qu'il était républicain, et qu'il tuerait son père et sa mère.

Ce témoin était détenu pour dettes, et avait été placé par le directeur de la prison auprès d'Hubert pour le surveiller.

Hubert oppose des dénégations formelles à cette déposition.

La cour reçoit en outre plusieurs dépositions sans importance et relatives au séjour d'Hubert à Boulogne, et à sa translation à Paris.

L'audience est levée à 4 heures.

Audience du 17.

Me Favre. — J'ai une observation à soumettre à la cour. Au commencement de la séance d'hier, un de messieurs les jurés a demandé si, depuis son arrestation, Steuble avait communiqué avec ses co-accusés. Ce fait est important, et s'il restait quelques doutes dans l'esprit de MM. les jurés, je demanderais que M. Lebel fût entendu, il pourrait établir que Steuble n'a jamais communiqué avec ses co-accusés ni avec les défenseurs de ses co-accusés.

M. le président.—M. Lebel sera entendu.

La cour continue l'audience des témoins.

La dame Petion, qui a logé Hubert à Boulogne, fait une déposition insignifiante.

La demoiselle Elisa Hergaland, couturière, est introduite. Ce témoin connaît Mlle Grouvelle, chez qui elle a travaillé; elle a été elle-même arrêtée. Les papiers qui ont été saisis sur elle et chez elle lui avaient été confiés par Mlle Grouvelle, 3 ou 4 jours avant son arrestation. Elle ne savait pas ce que

contenait le paquet qui lui avait été remis, et si elle n'a pas
déclaré qu'il était en sa possession, quand on le lui a demandé, c'est qu'elle a cru qu'il n'était pas convenable de
livrer un dépôt.

J'ai su, continue le témoin, qu'Hubert était allé à Londres, et j'ai entendu dire que c'était pour éviter la surveillance de la police.

M. Lebel, directeur de la Conciergerie, déclare que jamais
Steuble n'a communiqué avec aucun de ses co-accusés, à
l'exception d'Annat, qu'il a pu voir sur la cour.

La cour reçoit ensuite plusieurs dépositions relatives aux
papiers remis chez la demoiselle Hergaland et Gourn uf,
homme de lettres. Ces dépositions offrent peu d'intérêt.

Le sieur Gourneuf rappelle les nombreux services rendus
par mademoiselle Grouvelle aux malheureux. Elle est restée
pendant un mois enfermée dans un hospice pour y soigner
les cholériques.

M. le président. —Secourait-elle des malheureux de toute
espèce, de toutes les opinions?

M Gourneuf. —Certainement, elle ne choisissait pas plus
ses obligés que le choléra ses victimes.

Des témoins établissent que M. Leproux a passé la nuit au
bal le 1ᵉʳ août 1837, et qu'il s'occupait activement des affaires de la fabrique du sucre indigène.

Une domestique de feue Mme de Vauquelin dépose que Valentin se conduisait fort mal à Verneusse, chez Mme de Vauquelin; il mentait, dit-elle, *à cœur de jour* (expression nor-
mande qui veut dire toute la journée).

D. Savez-vous ce que Giraud est allé faire à Verneusse?
— R. Non, Monsieur. — On dit pourtant que vous devez le
savoir, attendu que vous aviez l'habitude d'écouter aux
portes?... —Oh! mais non, da! mais non! je n'ai jamais
écouté aux portes; je me suis toujours contentée de faire mon
ouvrage, et certainement si M. Valentin avait dit la vérité,
je ne serais pas ici.

M. le président. —Tranquillisez-vous; votre position n'est
nullement fâcheuse ici.

Le témoin. —J'ai eu soin de M. Valentin quand il était
malade, et certainement il n'aurait pas dû dire cela; mais il
s'est toujours très mal comporté, il allait et venait partout,
et il rapportait toujours des nouvelles... des nouvelles...
mais qui étaient fausses.

M. Godard, propriétaire à Rouen, qui a été primitive-
ment compromis, affirme que ses relations avec Mlle Grou

velle et de Vauquelin n'avaient pour objet que des souscriptions pour venir au secours des prisonniers et des amnistiés politiques. Il n'a, au reste, jamais connu de Vauquelin que depuis les débats; il n'avait fait, auparavant, que correspondre avec lui.

M. Picquenot, fabricant à Bernay, qui a été poursuivi à propos de ce procès, déclare que ses rapports avec Mlle Grouvelle ont également eu pour objet des secours à donner aux détenus du Mont-St-Michel.

D. Vous avez connu Valentin? — R. Oui, c'est moi qui, sur la recommandation de Mlle Grouvelle, le conduisis chez de Vauquelin.

D. Quelle a été sa conduite?—R. Elle a été des plus dégoûtantes! Et certes, si M. de Vauquelin n'était pas si bon, il ne l'aurait pas gardé si long-temps chez lui.

D. Quels étaient donc les faits honteux que vous lui reprochez?—R. Il y en a tant!... Mais je vous en rapporterai un si vous voulez.

D. Rapportez-le.—R. Eh bien! il a insulté le curé dans l'église, et pendant une procession, un jour de Fête-Dieu. Ensuite, il eut un procès à Bernay pour cris et tapage. Il y a encore une foule de détails sur son compte, qu'il serait trop long de rapporter.

M. Piquenot affirme qu'il n'a consommé aucune opération de commerce avec Giraud, que celui-ci lui a seulement parlé de dépôt à tenir pour son compte.

Audience du 18.

L'audition des témoins continue. On entend successivement différens témoins, entr'autres M. de Lally-Tollendal.

Schiller déclare qu'à Londres Steuble lui a confié qu'il était chargé de confectionner une machine pour tuer le roi des Français, et qu'il n'achèverait pas cette machine si Hubert ne lui donnait pas d'argent.

Le témoin fit part de cette confidence à son confesseur, qui lui conseilla d'en parler à l'ambassade française. Il en parla effectivement.

D. A quelle époque?

R. Dans l'automne de 1837.

Steuble oppose la dénégation la plus formelle à cette déclaration.

Le président au témoin. —Persistez-vous dans ce que vous venez de dire?

Schiller. —Devant Dieu et devant les hommes, et devant la nation française, je persiste.

Steuble. — Je n'ai jamais connu le témoin. (Mouvement.)

Le témoin Kluppel est rappelé.

Le président, à Kluppel. —Avez-vous connu le témoin?

Kluppel. —Oui, monsieur, malheureusement...

Le président. —Pourquoi malheureusement?

Kluppel. —Parce que je lui ai prêté de l'argent qu'il ne m'a pas rendu, et que maintenant il dit qu'il ne me doit plus rien. Ce témoin a été condamné dans son pays à six ans de prison pour faux; pour avoir falsifié un testament pour faire un faux héritage (mouvement). A Londres, il a fait de la peine à tous ses compatriotes, et ce n'est que pour gagner de l'argent qu'il est ici. (Nouveau mouvement.)

Le président, à Schiller. —Que faisiez-vous à Londres?

Schiller. —J'y étais pour affaires de commerce.

D. Depuis quand êtes-vous ici?

R. Depuis deux mois.

D. Quel commerce faites-vous?

R. Le commerce de plusieurs articles.

Kluppel persiste dans la déclaration qu'il vient de faire relativement à Schiller.

Le président. —Quelle certitude avez-vous que le témoin ait subi une condamnation criminelle?

Kluppel. —Il y a à Passy un professeur que vous pouvez faire venir, et qui connaît tout cela; il sait que Schiller s'est rendu coupable de falsification et de vol; il s'est évadé; il nous a souvent lui-même raconté cela, et comment il y est parvenu.

Le président. —Croyez-vous que Steuble ait connu Schiller à Londres?

Kluppel. —Je crois qu'il est impossible que Steuble ait conféré avec cet homme.

Hubert se rappelle avoir vu Schiller à Londres; mais il nie lui avoir fait aucune confidence. Avant de quitter son pays, dit-il, il était à la tête d'une cinquantaine de malfaiteurs. (Sensation.)

Me Favre demande qu'en vertu de son pouvoir discrétionnaire, le président fasse appeler le professeur dont a parlé Kluppel, ainsi qu'une autre personne qui est du même pays que Schiller, et qui le connaît bien.

La cour ordonne que ces deux témoins seront cités.

Me Arago. —Je désirerais que le témoin Schiller répondît par oui ou non aux questions suivantes : N'a-t-il pas fait un faux testament? N'a-t-il pas été détenu dans la prison d'Ildegène, et ne s'en est-il pas évadé?

Schiller. —Je ne suis entendu ici ni comme prévenu, ni comme accusé; je n'ai donc rien à répondre sur ce qui concern ma moralité. Je n'en veux pas aux défenseurs de chercher à écarter les charges qui pèsent sur leurs cliens, mais je prie M. le président de ne pas permettre que ma moralité soit publiquement attaquée; on peut prendre toutes les informations que l'on voudra sur ma moralité auprès des autorités compétentes. Je n'ai jamais été mis en prévention pour une cause criminelle; j'ai seulement fait huit jours de prison, pour avoir souffleté un avocat qui s'était permis de m'attaquer...

Le président. —Cette dernière observation est très déplacée. La justice a le droit de s'enquérir de la moralité d'un témoin appelé à déposer devant elle. Répondez sur les faits dont on argue contre vous.

Schiller. —On peut s'adresser au consul de Hanovre, on pourra obtenir tous les renseignemens.

Me Arago. —Comment le témoin vit-il à Paris?

Schiller. —De mes propres deniers et de mon négoce. Jamais personne ne m'a donné un grain de sel, et je ne cherche à tirer aucun profit de ma déclaration.

Lecture est donnée de la déclaration de Darwarris. (Ce témoin n'a pu être retrouvé.) Il a déclaré qu'Hubert et Steuble lui avaient fait part de la construction de la machine, et qu'il y avait des députés compromis dans cette affaire.

M. Péan, avoué à la cour royale de Paris. — Je me trouvais à Orléans à la fin de 1835, chez M. Danicourt, rédacteur en chef du *Journal du Loiret*. Nous étions ensemble lorsqu'on vint l'avertir qu'une personne demandait à lui parler. M. Danicourt, qui était sorti, rentra bientôt en me disant : «Le nommé Mathé, évadé d'avril, est là, en haillons, sans pain, qui me demande l'hospitalité. Je l'engageai à prendre garde de ne pas être dupe de quelque nouvel intrigant et de s'assurer si cet homme avait quelques papiers pour constater son identité. —Il n'en a aucun, me répondit Danicourt, mais j'aimerais mieux être cent fois dupe des intrigans que de refuser une seule fois l'hospitalité qui me serait demandée par un proscrit. M. Danicourt accueillit cet homme; il resta deux jours avec nous, et ce prétendu Mathé n'était que

M. Valentin; je le reconnais bien. (Sensation.) Un jeune homme de sa taille et ayant à peu près la même tournure, lui prêta son passeport; Valentin s'embarqua pour Blois par le bateau à vapeur.

Un an plus tard, M. Danicourt apprit qu'il avait été indignement trompé par M. Valentin, qui avait abusé de la plus sainte des hospitalités, l'hospitalité politique. (Nouvelle sensation.)

Valentin, qui a arraché la bande noire qui lui recouvrait le front et l'œil droit : —Avais-je l'œil comme aujourd'hui à cette époque?

M. Péan.—Vous n'aviez pas l'œil comme aujourd'hui. Vous portiez alors des lunettes... vertes, je crois, mais, malgré les accidens qui ont pu vous arriver, je vous reconnais parfaitement bien. J'ai eu le malheur de me trouver assez long-temps assis auprès de vous pour vous reconnaître; je vous ai d'ailleurs bien examiné.

Valentin cherche à établir qu'à l'époque citée par le témoin, il n'était pas à Orléans.

M. Péan.—J'affirme, et M. Valentin nie; entre lui et moi il y a un mensonge, la cour appréciera de quelle part il vient.

Me E. Arago.—J'ai entre les mains une lettre de M. Pesson, avoué à Tours, qui constate que Valentin a joué auprès de lui le même rôle, sous le même nom, qu'auprès de M. Danicourt.

Plusieurs autres témoins constatent la sollicitude de Mlle Grouvelle pour les malheureux, et la moralité de quelques-uns des accusés.

Un débat s'engage entre M. le président, Me Arago et M. Franck-Carré sur la question de savoir si la moralité de M. Simonnin, interprète, qui a assisté M. le juge d'instruction, et qui a aussi assisté au débat comme interprète, sera soumise à un débat contradictoire.

M. Franck-Carré.—Nous devons déclarer que si, dans le cours de la discussion, vous attaquez M. Simonnin en dehors de ses fonctions d'interprète, nous prendrons des réquisitions formelles.

Le président à Me Arago.—Prenez des conclusions.

Me E. Arago prend et développe des conclusions tendant à obtenir de la cour un arrêt par lequel elle permettra à la défense de prouver que M. Simonnin est capable d'en imposer à la justice. Le défenseur invoque l'art. 552 du code d'instruction criminelle.

M. Franck-Carré soutient que le défenseur dépasse son droit, et qu'il n'a pas droit de récuser M. Simonnin.

Me E. Arrago. — Nous ne demandons pas la récusation de M. Simonnin; nous demandons à la cour la permission de l'interpeller sur des actes de sa vie privée, et même de sa vie politique.

Le défenseur déclare qu'il est convaincu que M. Simonnin a menti à la justice, après avoir prêté serment (mouvement), et demande à le prouver.

La cour, après avoir délibéré, déclare le défenseur non recevable dans sa demande.

Audience du 19 mai.

M. Saint-Omer raconte comment il est parvenu à découvrir le sens des chiffres tracés dans le carnet d'Hubert. C'est à l'aide d'un dictionnaire anglais de Tibbens qu'il a obtenu ce résultat. Les chiffres sont par groupes de deux nombres, et ces groupes sont séparés par une ligne verticale.

Le premier nombre, suivant M. l'expert, indique la page du dictionnaire, et le second nombre indique la ligne, dont le premier mot sert à exprimer la pensée de l'auteur.

M. le président fait remettre à chacun de MM. les jurés et des défenseurs, un exemplaire lithographié des chiffres du carnet, avec la traduction interlignée, et un exemplaire à l'aide duquel l'expert a traduit.

M. le président. — Vous avez dit, Hubert, que vous vous expliqueriez lorsque l'expert serait entendu. Expliquez-vous.

Hubert. — Ma déclaration sera toujours la même, c'est que je n'ai jamais correspondu en chiffres avec personne. J'ai bien eu le projet de correspondre avec un de mes amis, c'est pour cela que j'étudiais les chiffres, mais je n'ai jamais adressé de lettre en chiffres à personne. Il m'est impossible, quant à présent, de donner la clef des chiffres du carnet; mais si vous voulez m'accorder un mois, je vous réponds de vous en donner la traduction véritable. Celle de M. l'expert n'a aucune suite; il a dit que quand il n'aurait pas eu le dictionnaire, il aurait tout de même trouve un sens aux chiffres. Je sais bien qu'il n'aurait pas manqué d'en trouver un en faveur de l'accusation.

M. le président. — Vous dites que cette traduction n'a aucun sens, vous venez cependant d'en entendre la lecture.

Hubert.—Je n'y ai pas fait attention, car je n'y attache aucune importance.

M. le président.—Cela en a cependant beaucoup.

Hubert.—Je vous dis que si vous voulez m'accorder un mois, à force de recherches et de travail, je finirai par vous donner le vrai sens des chiffres, qui n'ont point été tracés à l'aide d'un dictionnaire, mais de plusieurs livres.

M. le président.—Il y a un rapprochement bien évident entre un passage de cette traduction et la lettre de Steuble, dans laquelle ce dernier se plaint des menaces que vous lui avez faites ?

Hubert.—Je ne sais pas...c'est possible, car on peut faire toutes sortes de rapprochemens. Dans un mois, je le répète, je vous donnerai la véritable traduction des chiffres. Voilà tout.

M. le président. — Vous ne donnez pas d'autres explications ?

Hubert.—L'expert est malade, je ne me charge pas de le guérir ! d'ailleurs, où je vois un insecte, vous voyez un éléphant.

Mlle Grouvelle, interpellée, répète qu'elle n'a jamais écrit en chiffres, ni reçu de lettres semblables à celle dont on parle. On n'en a, dit-elle, trouvé aucune trace dans mes papiers. J'ai employé toute ma vie à procurer quelque soulagement aux malheureux, et non à comploter, ainsi qu'on le prétend ici. Voilà tout ce que j'ai à dire.

M.Lepage, arquebusier, qui a examiné le plan de la machine, en fait un description très détaillée.

M. le président donne lecture d'une note adressée pendant les débats par Steuble, note tendant à prouver qu'une machine semblable à celle dont le plan est aux pièces, est plutôt une machine d'artillerie, une arme de guerre, qu'une machine propre à commettre un attentat.

M. Lepage pense, sans l'affirmer cependant, que cette machine pourrait servir pour un attentat, quoique sa conviction intime soit que le plan, dit-il, n'ait été fait que pour une machine de guerre. Dans ce plan on peut prendre les élémens d'une machine infernale, mais ce plan fait avec luxe, n'est que le plan d'une machine de guerre.

Me Arago. — Combien coûterait une machine semblable à celle dont vous tenez le plan ?

M. Lepage. — 1,000 écus.

M. de Gazan, chef d'escadron dans l'artillerie, fait une déposition analogue à la précédente.

M. le président, en vertu de son pouvoir discrétionnaire, ordonne que lundi prochain , à l'ouverture de l'audience, une machine d'artillerie, analogue à celle dont il est question , soit amenée à l'audience, afin de faire comprendre à MM. les jurés comment se chargent ces sortes de machines.

L'audience est levée à 5 heures.

Audience du 21 mai.

M. de Gazan est appelé. Ce témoin expert est porteur d'un modèle de machine de guerre qui a beaucoup d'analogie avec celle dont le plan a été dessiné par Steuble.

M. de Gazan explique comment se charge l'appareil dont il a apporté le modèle.

Steuble reconnaît qu'il y a, dans cette machine, quelque analogie avec la sienne. Il ne peut, au reste, rien ajouter aux explications écrites qu'il a déjà données, et auxquelles il se réfère de nouveau.

M. le président donne lecture de plusieurs dépositions relatives à Steuble.

M. le président à Steuble.—Dans quel but étudiiez-vous la fabrication des fusées à la Congrève ?

Steuble. —Ce n'étaient pas des fusées à la Congrève ; c'étaient des fusées ordinaires ; j'étudiais cela pour étendre le cercle de mes connaissances ; je m'occupais d'études physiques, chimiques, etc.

Me Arago prie la cour d'ordonner l'audition de deux nouveaux témoins, qui savent, dit-il, l'affaire de Schiller par eux-mêmes ; qui doivent en connaître les motifs et le résultat, car ils étaient alors dans le pays même.

La cour ordonne que ces deux témoins soient cités.

Schiller manifeste le désir de s'en aller à Londres, où, dit-il, son commerce nécessite sa présence. Il se plaint ensuite des menaces que lui aurait adressées le nommé Stiegler, qui, selon lui, connaît l'affaire d'Hubert.

Stiégler, rappelé, nie avoir jamais parlé de cette affaire avec Schiller. Un jour, continue t-il, M. Schiller me dit qu'il aurait bien voulu savoir qui l'avait fait entrer dans cette affaire. Ça na rien d'extraordinaire, réponds-je, puisque les journaux ont dit que vous avez dénoncé Hubert et Steuble au consul français à Londres.

Schiller. — Stiégler a eu une parfaite connaissance de

cette affaire; j'en ai là la preuve. (Ici Schiller déploie plusieurs papiers et s'apprête à les lire.)

Me Favre. — Nous nous opposons à cette lecture. (Sur l'ordre de la cour, Schiller referme les papier.)

Schiller.—Stiégler m'a déclaré qu'il avait une parfaite connaissance de cette affaire, et que l'ivresse pendant laquelle il aurait perdu son passeport n'était qu'une fable. Il m'a même dit qu'il y avait une maison louée pour y introduire la machine...

Stiégler vivement.—C'est un mensonge!...

Le président, à Stiégler.—N'interrompez pas!

Le président. — Schiller, savez-vous où est cette maison?

Schiller.—Je ne me rappelle pas le nom de la rue.

D. Pourriez-vous la retrouver?

R. Je ne sais pas où elle est, mais je pourrais la retrouver.

D. De quel côté se trouve-t-elle?

R. Derrière où près de la chambre des députés. La machine devait y être transportée peu de jours avant l'ouverture des chambres.

D. Êtes-vous allé dans cette maison?

R. Oui, avec Stiégler, j'y ai même bu du vin avec lui.

C'est, continue Schiller, dans les premiers jours de mon arrivée que j'ai rencontré Stiégler chez Calmès. Stiégler savait l'allemand et le français, et il s'offrit à me conduire dans Paris, et s'il m'a confié qu'il connaissait l'affaire d'Hubert, c'est qu'il me croyait, comme lui, favorable à cette entreprise. Je suis bien certain que je reconnaîtrais la maison.

Me Favre.—Pourquoi le témoin n'a-t-il pas parlé devant le juge d'instruction, et l'autre jour devant la cour, de cette circonstance, qui est pourtant très capitale?

Schiller.—A l'époque où je fus entendu par le juge d'instruction, on ne m'avait pas encore parlé de la maison.

D. Y a-t-il eu location?

R. Oui, mais on ne m'a pas dit en quoi consistait le logement; seulement, je sais que tout était préparé pour recevoir la machine, qui devait être portée dans les étages supérieurs. Je ne connaissais pas ces étages; je ne connais que le rez-de-chaussée, où je suis entré, et où il y a une buvette, un marchand de vins.

Stiégler explique qu'étant un jour avec Schiller sur la place du Palais-Bourbon, et se rappelant les détails publiés dans les journaux à propos de l'arrestation d'Hubert, il lui dit : Ce serait par ici qu'on aurait placé la machine.

Me Favre.— Suivant le témoin, la machine aurait été montée au quatrième avec ses canons, roues, affûts, etc. ?

Me E. Arago fait observer qu'il serait peut-être bon que le fait dont le témoin Schiller vient de déposer fût vérifié ; il faudrait au moins, dit-il, connaître la disposition de cette maison.

Le président.—Cela serait extrêmement difficile.

M. Franck-Carré, procureur-général, a la parole. Il fait un long réquisitoire, dans lequel il commence par déclarer que, dans un procès où les accusés se plaisent à se représenter comme victimes de passions haineuses et politiques, le ministère public comprendrait mal sa mission, s'il employait un langage passionné, et qu'il sera beaucoup plus conforme à la dignité de la justice de n'employer que le langage de la froide raison.

Après une assez longue discussion préliminaire sur la définition du complot, et sur la différence légale qui existe entre le complot et l'attentat, M. Franck Carré aborde les faits de l'accusation, qu'il soutient, et dont il s'attache à justifier les dires pendant deux heures ; le doute ne lui paraît pas possible à l'égard des trois accusés Laure Grouvelle, Hubert et Steuble.

A l'égard de Annat, Leproux, de Vauquelin et Vincent Giraud, M. le procureur-général reconnaissant que les preuves ne sont pas aussi affirmatives contre ces accusés, déclare qu'il est cependant convaincu de leur culpabilité, qu'il s'attache à démontrer.

Quant à Valentin, M. Frank-Carré déclare qu'il ne sait que dire de cet homme, dont la situation est si étrange dans ce procès.

L'audience est levée.

Audience du 22.

Me Emmanuel Arago, défenseur d'Hubert, a la parole.

MM. les jurés, dit-il, si l'accusation avait quelque chose de redoutable, peut-être serait-il dangereux pour nos cliens que le dernier venu au barreau, que le moins expérimenté de tous les avocats qui siègent aujourd'hui sur le banc de là défense, fût appelé à l'honneur de vous parler le premier. Mais ce danger n'existe pas, car l'accusation elle-même,

quelles que soient les phrases sonores que vous ayez enten-
dues à l'audience d'hier, l'accusation elle-même existe à
peine, quoique je ne me dissimule en aucune façon les charges dont elle voudrait nous accabler. Je dis, existe à peine,
pour faire une large part au zèle de son organe. Si je ne
considérais en effet que la force réelle de ses demi-argumens,
que la valeur réelle et la moralité de ses demi-moyens, je la
déclarerais morte et je me dispenserais d'y répondre. Cependant je me préoccupe de sa forme, de sa finesse, de son habi-
leté cauteleuse...

Le président. — Ah ! M. Arago, cette expression est au
moins déplacée, surtout si vous l'adressez à un homme qui
parle au nom de la société. Vous ne devriez pas même l'employer avec d'autres adversaires.

Me Arago. — Et moi aussi, convaincu que je suis de l'innocence des accusés, je parle au nom de la société.

Le président. — La cour respecte vos convictions, mais elle
vous engage à ne pas vous servir de semblables expres-
sions.

Me Arago. — J'efface le mot cauteleuse... Je disais, messieurs, que si je ne considérais que la force réelle de l'accusation je la déclarerais morte; mais puisqu'il faut que je me
préoccupe de sa forme, je vais la réfuter et je vous annonce
qu'elle va mourir.

Sachez d'abord, messieurs, vous qui êtes les juges du
camp, les souverains arbitres de la lutte, les maîtres de nos
destinées, sachez sur quel terrain va s'engager le combat.
Pénétrez-vous bien de nos droits, connaissez bien nos limi-
tes respectives, mesurez-nous nos armes, afin de ne point
errer dans votre jugement, afin de déclarer et félons et vain-
cus ceux qui dépassent leur ligne, ceux qui n'abordent pas
leurs ennemis en face, ceux qui frappent de côté. Permettez-
moi, Messieurs, de vous bien définir avant de discuter le fond
de notre cause, de vous bien enseigner ce que c'est qu'un
complot. On n'a fait qu'effleurer dans le réquisitoire cette
grave question, qui domine de haut toutes les autres questions du procès actuel, qui les absorbe toutes. Interrogeons
la loi, demandons à son texte quels sont les élémens néces-
saires. forcés, constitutifs, du crime politique qui nous est
reproché, voyons ce que l'on est absolument tenu de prouver contre nous, pour que vous nous jugiez coupables de
complot; voyons, que faut-il? ouvrons le code.

Me E. Arago entre ici dans la discussion légale du complot,
dont il donne la définition, en s'appuyant sur l'autorité de

jurisconsultes célèbres, et principalement de MM. Carnot, Berville et Dupin. Puis, après avoir combattu avec une grande puissance les faits généraux de la cause, il s'attache à faire ressortir, ce qu'il fait avec beaucoup de logique, la stérilité des preuves de l'accusation.

Me E. Arago termine par une péroraison éloquente et énergique sur le danger qu'il y aurait à prononcer une condamnation contre les accusés. Le jeune orateur est vivement félicité par ses confrères.

Me Favre, défenseur de Mlle Grouvelle, a la parole.

Si je n'avais, dit-il, d'autre mission à remplir devant vous que de réclamer la liberté de Laure Grouvelle, je pourrais, malgré le réquisitoire de M. le procureur-général , renoncer à la parole et m'en référer à votre justice, car l'immense échafaudage élevé à grands frais par l'accusation , a croulé sous les paroles éloquentes du jeune défenseur dont les accens retentissent encore à vos oreilles.

Ma mission sera enviée, Messieurs , car j'ai à protéger ici une femme contre les fâcheuses insinuations de la malignité. La calomnie ou le sarcasme s'attaquent, vous le savez, à celles qui semblent sortir des habitudes paisibles de leur sexe. C'est contre ces calomnies, contre c s insinuations que je viens défendre devant vous Laure Grouvelle; cette mission je l'ai acceptée avec bonheur, car j'étais conduit auprès de celle que je defends par la notoriété de ses belles et nobles actions.

J'ai quelque chose de plus qu'un acquittement à vous demander, messieurs les jurés ; j'ai à vous demander votre estime, votre vénération pour cette femme, dont l'accusation a voulu faire une sorte de Catilina, rassemblant autour d'elle les ennemis du pouvoir, pour cette femme que les malheureux ont nommée avec tant de vérité: Notre-Dame-de-Bon-Secours !

J'ai à vous dire par quelle noble fatalité cette femme pure est ici, et pourquoi elle ne devrait pas y être. Elle ne vous a pas dissimulé ses opinions ; elle vous a dit qu'elle était républicaine ! elle l'a été par vertu, tandis que d'autres le sont par calcul ! Ses opinions républicaines l'ont amenée sur le banc des assises, tandis que d'autres se sont servis de cette même opinion comme d'un marche-pied pour arriver aux honneurs et aux richesses !

On est allé jusqu'à incriminer des actes de piété ; on est allé chercher dans la conduite que Laure Grouvelle a tenue après l'exécution de Morey et de Pépin , des motifs pour faire croire contre elle à une accusation de régicide! Qu'il me soit permis, messieurs, de vous rappeler ces paroles du célèbre annaliste de Rome :

« Les femmes mêmes n'étaient pas à l'abri des persécutions, et comme on ne pouvait les accuser de vouloir s'emparer des pouvoirs publics, on incriminait leurs larmes. »

Ces paroles, Messieurs, ont été écrites à propos des officiers ministériels qui vivaient sous Tibère, et qui étaient ministres de Séjan...

Le président. — Me Favre...

Me Favre. — Ce sont des exemples que vous suivez.

Le président. — La cour vous invite à ne pas poursuivre une pareille pensée. Elle n'admet pas que vous ayez le droit de mettre ainsi en accusation le ministère public; il ne vous appartient pas de descendre dans sa conscience pour la discuter.

Me Favre. — Je ne la discute pas.

Le président. — Je vous demande pardon, vous la discutez !

Me J. Favre. — Je ne la discute pas, je laisse descendre dans la conscience du ministère public ce souvenir qui s'est involontairement présenté à mon esprit, tant la similitude des faits est complète, exacte. Si les paroles que j'ai citées sont sévères, il ne faut pas s'en prendre à moi, car ce n'est pas moi qui les ai écrites, c'est Tacite.

Le président. — Oui, mais c'est vous qui faites le rapprochement.

Me J. Favre. — Je ne fais aucun rapprochement.

Le président. — Je vous demande pardon, et si vous continuez, la cour sera obligée d'user envers vous des droits qu'elle tient de la loi.

Me J. Favre, vivement. — La cour connaît ses droits, je les connais aussi ; mais ce que je connais encore, ce sont mes devoirs, devoirs que je saurai remplir à mes risques et périls, dans toute leur étendue, quelles que soient les réquisitions qui puissent m'atteindre. Je continue.

L'accusation n'a pas manqué de s'emparer de la note sur Alibaud, trouvée chez Mlle Grouvellé, de son admiration pour cette victime, et elle n'a pas manqué d'en conclure que c'était une preuve de sa sympathie pour le régicide. Messieurs, la réponse à cet argument est dans les paroles que Mlle Grouvelle vous adressait il y a quelques jours. « Je suis femme, et chaque fois que je vois un homme monter sur l'échafaud, je suis toute bouleversée, car j'ai horreur du sang ! »

Elle a écrit qu'Alibaud avait une belle âme , et on l'a interpellée à ce sujet. Elle s'est tue et elle a bien fait ; elle ne devait pas parler ; si elle avait manifesté l'exaltation de sa sympathie pour Alibaud, vous l'auriez crue coupable; si elle s'était expliquée contre lui, je vous le demande, que n'auriez-vous pas dit de sa lâcheté? Alibaud mourant courageusement, à la fleur de son âge, a excité ma sympathie , voilà ce qu'elle aurait pu vous répondre, et ce que je vous réponds pour elle.

Messieurs, la femme que je défends est la providence de ceux qui souffrent; c'est la mère, la sœur des malheureux. Une telle femme n'est pas un assassin; certes, en la poursuivant comme telle , le ministère public n'y a pas songé.

La péroraison de Me Favre émeut profondément les assistans , surtout lorsque s'en référant à la justice du jury, il espère que celui-ci ne répondra pas par un verdict de condamnation aux efforts de l'accusation; après un pareil verdict, dit-il, ce serait à ne plus croire à la vertu, ce serait à jeter de la boue au siècle qui aurait vu le jour où cette vie d'héroïque dévouement serait victime d'une erreur judiciaire.

Vous acquitterez Laure Grouvelle, messieurs, parce qu'elle est pure de tout ce dont on l'accuse ! Vous acquitterez aussi tous les autres accusés, parce qu'elle les tient par la main et que sa vertu les protége !

Audience du 23.

Me Hemersdinger présente la défense de Steuble. Ce jeune défenseur combat avec beaucoup de clarté et de logique le système de l'accusation en ce qui concerne Steuble. L'accusation, dit-il, en ayant fait la clé de la voûte du complot, et cette accusation tombant à son égard, elle tombe, par conséquent, à l'égard des autres accusés.

Me Teste, défenseur de Leproux, s'exprime ainsi :

Messieurs les jurés, en quittant les sommités pour arriver jusqu'à Leproux, l'accusation a perdu toute sa force; elle a senti elle-même fléchir sa rigueur; une transition s'opère; une ligne est tracée par une autre main que la mienne; nous échappons enfin à ces inextricables difficultés au milieu desquelles a dû naturellement se placer la défense des accusés principaux. Et pourtant, de l'accusation prise à son sommet, que reste-t-il ? Après une de ces défenses éloquentes, qui font à la fois le salut des accusés et la gloire de leurs jeunes patrons, l'accusation a été ébranlée jusque dans son foyer même, et pour descendre jusqu'à nous , elle se rapetisse et se décolore entièrement. Toutefois, lorsque cédant aux supplications d'une famille honorable, nous avons, contre nos habitudes, contre nos goûts, accepté la défense du malheur, et permettez-moi d'ajouter dès à présent, de l'innocence, nous n'avons pas eu un seul moment d'effroi : l'instruction sondée jusque dans ses profondeurs, ne nous a rien fait découvrir contre Leproux qui fût visible, qui fût palpable. Destituée de tout appui solide, elle s'était emparée, et c'était son droit, de quelques apparences qui auraient cédé à la première épreuve, si les accusés principaux avaient cru devoir répondre, dès le débat, aux interpellations qui leur étaient adressées.

Dès le premier moment, la difficulté nous a paru consister, en ce qui concerne Leproux, à donner un corps à l'attaque, et à aborder de front un ennemi. Mais le terrain même sur lequel nous avons été appelés se dérobe sous nos pas : le cartel nous est resté, mais l'adversaire, mais l'accusation personnifiée, je ne la vois pas. (On rit.)

De l'aveu même du ministère public ce n'est plus de la conception d'un crime affreux qu'il s'agit. Ce ne sont plus des preuves écrites et orales, ce sont quelques apparences, quelques pièces fugitives, laborieusement rassemblées, voilà tout ce qu'il y a contre Leproux dans ce débat plus solennel qu'il n'est grave.

Nous ne tenons plus à l'accusation que par un lien imperceptible : ce lien, je vais le rompre sans efforts, sans éclat. Et à Dieu ne plaise que je veuille relever l'impuissance du débat par une prodigalité vaine de paroles.

Leproux reste au procès parce que, dit-on, il y a eu complot, et que si une seule pierre était détachée de cet édifice, l'édifice entier serait ruiné, croulerait. Après Hubert, la demoiselle Grouvelle, Steuble même si l'on veut, tous les autres personnages de ce drame ne sont que des comparses, des inutilités; l'accusation en est surchargée; ils ne lui servent à rien, ils lui nuisent. (Hilarité.)

Mᵉ Teste combat les dires de l'accusation en ce qui concerne Leproux, et démontre que les relations qui ont existé entre les divers accusés ne constituent nullement ce que nos lois criminelles appellent complot.

Certes, continue-t-il, on vous l'a dit, et cela est vrai, il importe au salut de la société que les complots soient réprimés, punis; mais, Messieurs, il importe aussi à la sécurité publique que l'on ne punisse pas des complots chimériques ; si nous avions un pareil fait à déplorer, la société à laquelle vous avez, comme moi, l'honneur d'appartenir, MM. les jurés, et dont, comme moi, vous partagez les opinions et défendez les principes, cette société courrait les dangers les plus imminens.

Me Leblond, défenseur de Vincent Giraud, raconte comment cet accusé entra en relations avec la famille Grouvelle. Ce fut à l'occasion d'affaires de commerce qu'il la connut. Le défenseur révèle plussieurs actes de charité qui honorent le cœur et le caractère de son client, qui n'est pas cependant un favori de la fortune.

Me Ferdinand Barrot défend M. de Vauquelin. Il commence par rappeler les innombrables actes de bienfaisance dont la vie honorable de ce citoyen est remplie. Faire le bien le plus souvent possible, le vouloir toujours, voilà, dit-il, quelle est sa vie. Il démontre ensuite que son client n'a pas participé aux actes du complot, en supposant qu'il y ait eu complot, ce qu'il nie.

Quant aux relations de mon client avec Valentin, ajoute le défenseur, je m'étais promis de ne rien dire, et je n'en dirai rien. Valentin est un être que vous connaissez; il a sali tous ceux qu'il a approchés; il a souillé toutes ses relations; voilà tous ce que j'en veux dire, car on ne peut pas s'appuy r sur cet homme, ni se défendre contre lui sans marcher dans la boue. (Sensation.)

Me Barrot prouve à MM. les jurés que de Vauquelin est un homme d'ordre. Il fut nommé maire de sa commune après la révolution de juillet; il refusa cet honneur. Il a depuis été nommé membre du conseil d'arrondissement; il a obtenu enfin tout les honneurs municipaux possibles. Ce n'est pas, comme vous le voyez, une ambition remuante que celle de M. de Vauquelin, de cet homme qui a exprimé cette belle pensée : Les révolutions sont la loi de Dieu!

De Vauquelin, dit en terminant Me Barrot, a élevé dans sa belle ame un autel à sa patrie; mais, à côté, il en a élevé ue autre, sur lequel il aime le plus à sacrifier, sur lequel il a besoin de sacrifier sans cesse, c'est l'autel du malheur.

Me Arago, en l'absence de Me Charles Ledru, présente en peu de mots la défense d'Annat, dont le nom, dit-il, n'a été rononcé que trois-fois dans le cours du réquisitoire, et à l'égard duquel l'accusation est en quelque sorte abandonnée.

M. Colmet-d'Aage, nommé d'office par la cour, présente la défense de Valentin. Il se plaint que l'accusation ait méprisé son client, et termine ainsi : Par ma bouche, Valentin vous demande un acquittement; en l'acquittant, chose rare, vous satisferez à la fois l'accusation et la défense.

Audience du 24.

M. le président. — Le témoin Piquenot m'a écrit une lettre dans laquelle il se plaint de quelques faits mal interprétés par un défenseur. S'il est présent qu'il s'avance.

M. Piquenot. — Je désire rectifier quelques faits qu'on a pris dans ma déposition et qui ont été dénaturés par M⁰ Ferdinand Barrot. Il a dit ironiquement que j'avais fait le *Normand*, que je n'avais dit ni *oui* ni *non*. Le défenseur a mal compris mes dépositions ou plutôt n'a pas assez étudié sa cause sur ce point, et il me sera facile de lui prouver à mon tour que c'est lui qui a fait le *Gascon*. (On rit.)

Mᵉ Favre. — Je dirai seulement que.....

M. Piquenot. — Ah! si vous laissez les avocats m'interrompre et parler contre moi, assurément je ne serai pas de force. (On rit.)

J'ai répondu très catégoriquement : on m'a demandé d'abord si j'avais fait avec Giraud des opérations de commerce, j'ai répondu que non; on m'a demandé ensuite s'il m'avait parlé de dépôt à tenir pour mon compte, j'ai répondu que oui. Il y a une différence entre parler d'affaires et en consommer une. On a donc eu tort de dire que je n'avais dit ni oui ni non, et que j'avais fait le *Normand*.

M. Franck-Carré, dans sa réplique soutient l'accusation.

Les défenseurs des accusés sont successivement entendus.

Mᵉ E. Arago repousse les charges que l'accusation s'est efforcée de faire peser sur Hubert.

Dans une plaidoirie remarquable, Mᵉ Hemersdinger s'attache à prouver que les faits et gestes reprochés à Steuble ne peuvent en aucune façon être incriminés, et qu'il ne peut être condamné pour un complot insaisissable.

Mᵉ Teste, définit de nouveau le complot, et démontre que,

dans l'espèce, il n'y a pas de complot, et qu'un verdit de condamnation ne peut, par conséquent, intervenir, surtout contre Leproux, son client.

Mes F. Barrot et Leblond, font entendre de spirituelles et nobles paroles en faveur de de Vauquelin et de Vincent Giraud.

Me E. Arago. —Tout ce que je pourrais dire pour prouver l'innocence d'Annat serait superflu; jé m'en réfère au peu d'insistance de l'accusation à son égard.

Dans une réplique entraînante, Me Jules Favre démontre, après Me Teste, qu'il n'y a pas eu complot, et qu'en supposant qu'il y en aurait eu (ce qui, dit-il, n'est guère possible en présence des faits de la cause, même avec la meilleure volonté du monde), une condamnation ne pourrait intervenir, car tout prouverait que ce complot aurait été abandonné.

Audience du 25.

M. le président. — Laure Grouvelle, avez-vous quelque chose à ajouter à votre défense?

Mlle Grouvelle se lève et, s'adressant aux jurés, s'exprime ainsi : Si je prends la parole, MM. les jurés, ce n'est pas pour ajouter à ma défense; c'est parce que je suis pressée par le besoin impérieux de donner un témoignage public de gratitude à celui qui est venu avec tant d'âme, tant de courage et de bonne foi vous dire quelle a été ma vie, quelles sont mes pensées les plus intimes; ce qu'il a si bien deviné, je ne l'aurais pas si heureusement dit. Mon cœur est pour lui plein d'admiration et d'affection.

Souvenez-vous qu'enveloppée dans un réseau fatal, je lui devrai, ainsi qu'à votre consciencieuse déclaration, MM. les jurés, la liberté..... et plus que la liberté..... la vie de ma mère... (Ici l'accusée est interrompue par son émotion.) Elle continue ainsi : Maintenant un souvenir au respectable ami qui ne m'a pas quittée depuis le premier jour de mon arrestation, et que vous voyez assis près de moi à cette dernière épreuve. (Laure Grouvelle designe M. Billiard.)

Oui, messieurs les jurés, mon cœur me le dit d'avance, et il ne m'a jamais trompée : vous ne nous séparerez pas; vous nous rendrez tous à la liberté, et ce soir, quand vous rentrerez dans vos familles, quand vous serez entourés de vos femmes et de vos enfans, chacun de vous se dira avec joie et avec bonheur : Je l'ai rendue à sa vieille mère !

Maintenant, messieurs les jurés, permettez-moi d'apporter une consolation à une conscience qui, je le crois pour l'honneur de l'humanité, n'est pas tranquille, et a besoin d'être consolée. (L'accusée se tourne du côté de Valentin et le regarde.) Valentin !... c'est à vous que je m'adresse (Valentin baisse la tête) : Hubert, de Vauquelin et moi, nous vous pardonnons les infâmes inventions que vous avez faites contre nous... (Profondé sensation.) Valentin ! si jamais vous êtes malheureux, si vous êtes malade, si vous êtes seul, abandonné, si tous les cœurs se sont retirés de vous... souvenez-vous que je suis au monde, et que je ne suis pas venue pour juger les hommes, mais pour les soignei, les aimer et les consoler ! (Sensation nouvelle et prolongée.)

M. le président demande également aux autres accusés s'ils ont quelque chose a ajouter à leur défense.

Hubert.—Je m'en réfère entièrement à la défense qui vous a été présentée, ainsi qu'à la conscience de MM. les jurés.

Annat.—Je ne sais pas pourquoi je suis ici.

Steuble, Leproux, Vincent Giraud, de Vauquelin et Valentin n'ont rien à ajouter.

M. le président annonce que les débats sont terminés, et en fait le résumé, qui a duré deux heures et demie.

Trente-deux questions sont posées à MM. les jurés, qu entrent en délibération à une heure dix minutes.

A quatre heures vingt minutes la sonnette de MM. les jurés se fait entendre. (Vif mouvement d'anxiété.)

MM. les jurés sont introduits.

M. Mac-Avoy, chef du jury, donne lecture de la déclaration du jury, par laquelle la question de complot contre la vie du roi est résolue négativement à l'égard de tous les accusés.

La question de complot concerté et arrêté, dans le but de détruire ou de changer la forme du gouvernement, avec cette circonstance qu'il aurait été suivi d'actes pour en préparer l'exécution, est résolue affirmativement à l'égard d'Hubert.

Mlle Grouvelle, Steuble, Vincent Giraud et Annat sont déclarés coupables de complot, concerté et arrêté, dans le but de détruire ou de changer la forme du gouvernement, mais non suivi d'actes pour en préparer l'exécution, avec des circonstances atténuantes.

Toutes les questions sont résolues négativement à l'égard de Jules Leproux, de Vauquelin et Valentin.

Ces trois derniers sont ramenés, et lecture leur est donnée de la déclaration du jury, en ce qui les concerne.

La cour les acquitte et ordonne la mise en liberté.

Les autres accusés sont introduits.

Me Catherinet, greffier, donne lecture de la déclaration du jury.

Hubert entend avec calme la lecture de la déclaration du jury, en ce qui le concerne; mais à peine a-t-il entendu que cette déclaration est affirmative à l'égard de Mlle Grouvelle, qu'une exclamation pénible s'échappe de sa poitrine. Une arme qu'il tenait cachée brille dans sa main droite qu'il dirige vers son cœur; les gendarmes se précipitent sur lui.

Une violente agitation s'empare de tout l'auditoire. Tout le monde se lève et se heurte précipitamment. Plusieurs voix répètent qu'Hubert vient de se tuer. Les bancs, les rampes, les tables sont escaladés.

Une voix que l'on nous dit être celle d'Annat.—Je lui ai arraché l'arme! la voici! (Nous voyons briller un couteau ouvert entre les mains des gendarmes.)

M. le président.—Regardez s'il est blessé...

Hubert se débat entre les mains des gendarmes; Mlle Grouvelle et ses autres co-accusés se précipitent sur lui et l'engagent à se calmer.

Me E. Arago, les larmes aux yeux.—Hubert! Hubert! du courage!...

Hubert (avec force).—Du courage!... oui!... oui!... j'en aurai du courage!... (S'adressant aux jurés.) Entendez-vous, hommes corrompus et corrupteurs!...

Cette femme! elle est innocente!... canailles! vous avez condamné la vertu même!... Valetaille!... Un jury français! oh!... l'infamie!... j'aurais voulu que mon sang retombât sur vous!...: tyrans du peuple!...

Les annales des cours d'assises n'offrent pas d'exemples de scène aussi pénible que celle à laquelle nous assistons L'extrême émotion que nous partageons avec tout le reste de l'auditoire ne nous permet plus d'entendre les interpellations menaçantes qu'Hubert adresse aux jurés. Les gendarmes veulent l'emmener, mais Mlle Grouvelle s'attache à lui et essaie de le calmer. Un tumulte effroyable s'élève, une mêlée s'engage dans le banc des accusés; Mlle Grouvelle est violemment heurtée par les efforts que font les gendarmes pour contenir Hubert. Un sifflet se fait entendre dans l'auditoire.

Plusieurs avocats, s'adressant aux gendarmes : Prenez garde! prenez garde! vous allez étouffer cette femme!

M. le président donne l'ordre de faire évacuer la salle. Les gardes municipaux et les sergens de ville exécutent cet ordre.

Steuble tombe évanoui entre les bras des gendarmes, qui l'emportent hors de la salle.

Pendant cette longue confusion, M. le procureur-général requiert qu'aux termes de la loi du 9 septembre 1835, Hubert soit emmené hors de l'audience, et que la cour statue en son absence.

La cour, au milieu du tumulte, rend un arrêt par lequel elle ordonne l'expulsion d'Hubert.

Seuble est ramené à l'audience.

Hubert, que Mlle Grouvelle est parvenue à calmer, se rassied.

M. le président. —Nous engageons les défenseurs à réunir leurs efforts aux nôtres pour faire exécuter les arrêts de la cour.

M. le président ordonne de nouveau l'expulsion d'Hubert.

La lutte entre Hubert et les gendarmes se réengage ; il est entraîné, et s'écrie en sortant et en s'adressant aux jurés : « Vous ne m'intimiderez pas !... Que m'importent vos cachots ?... Je résisterai à vos tortures !... J'aurai du courage !...

M. le président. —Laissez rentrer le public.

Quelques personnes rentrent dans le fond de la salle. La partie qui est en avant de l'enceinte de la cour est occupée par une forte escouade de sergens de ville et de gardes municipaux.

Le greffier achève la lecture de la déclaration du jury.

M. Franck-Carré. —Vu la déclaration du jury, de laquelle il résulte qu'Hubert s'est rendu coupable du crime de complot dans le but de détruire et de changer la forme du gouvernement, lequel complot a été suivi d'actes pour en préparer l'exécution, nous requérons qu'il plaise à la cour de faire application à Hubert des art. 87 et 89 du code pénal.

« Attendu qu'il résulte de la même déclaration que Laure Grouvelle, Steuble et Annat se sont rendus coupables de complot, mais qu'il existe en leur faveur des circonstances atténuantes, nous requérons qu'il leur soit fait application des art. 87, 89 et 463 du code pénal. »

Me Arago. —En ce qui concerne Hubert, comme je ne veux pas manquer à la confiance honorable qu'il m'a témoignée, je ne crois pas devoir dire un seul mot. Quant à Annat, que la cour me permette de lui rappeler que si, en le défendant, je n'ai pas insisté à réfuter l'accusation, c'est que je la considérais comme abandonnée ; je ne dirai pas un seul mot de plus.

M. Billiard qui, pendant tout le débat, a assisté Mlle Grouvelle comme conseil.—Je demande à la cour la permission de dire un seul mot.

M. le président.—Vous n'avez pas la parole !

Me Favre.—Je suis abattu ! consterné ! puisque les paroles que j'ai prononcées n'ont pu trouver grâce devant MM. les jurés ; je déclare qu'après ce verdict, en descendant dans mon cœur, et dans mon profond abattement, j'y trouve de la douleur, et un tout autre sentiment... maintenant je m'adresse à la cour ; vous savez quelle est cette femme... songez à sa mère !

M. Billiard, avec énergie.—Je jure devant Dieu que Laure Grouvelle est innocente ! (Profonde sensation.)

MM. Hemersdinger et Leblond, défenseurs de Steuble et de Vincent Giraud, présentent quelques courtes observations que l'agitation de l'auditoire nous empêche de recueillir.

Steuble, interpellé par M. Wenger par l'ordre de M. le président, dit d'une voix ferme : « Je n'ai aucune observation à faire ; que la cour use envers moi de toute la sévérité de la loi si elle le juge convenable ! »

La cour se retire pour délibérer sur l'application de la peine.

Le calme et la résignation de Mlle Grouvelle contrastent avec l'abattement et l'émotion à laquelle les défenseurs et l'auditoire paraissent en proie.

Après un quart d'heure de délibération, la cour rentre en séance.

Me Favre.—Je demande acte de ce qu'avant de se retirer, la cour n'a pas fait traduire à Steuble le réquisitoire et l'arrêt qui ont ordonné l'expulsion d'Hubert.

M. le président.—Il faut constater ce qui s'est passé ; il sera fait mention que la traduction n'a pas été donnée à Steuble ; mais que la cour, en rentrant à l'audience, a ordonné la traduction du réquisitoire et de l'arrêt.

Me Favre.—L'arrêt était exécuté.

La cour donne acte des conclusions des défenseurs.

Me Arago.—Il plaira à la cour, sauf à elle à déférer le serment, si elle le juge à propos, de donner acte à la défense de ce que, notamment pendant la plaidoirie de Me Favre, un de MM. les jurés a constamment lu le journal.

M. le procureur-général.—Si le fait était vrai, ce que nous nions, il fallait en prendre acte au moment où ce fait s'est passé ; nous estimons donc que la cour doit repousser ces conclusions par une fin de non-recevoir.

Me Arago.—Je crois que le fait est bien facile à constater,
et si la cour interpellait MM. les jurés, celui d'entre eux dont
parlent nos conclusions se nommerait lui-même.

M. le président.—La cour n'a pas ce droit......

Me Favre.—C'est le second juré à droite de....

M. le procureur-général, vivement.—Nous déclarons que
si vous faites connaître le juré auquel vous imputez ce fait,
nous prendrons contre vous des réquisitions! C'est insulter
le jury! Nous saurons mettre un terme à un pareil scandale
et empêcher de poser aïnsi *ab irato* des conclusions qui ne
sont inspirées que par le ressentiment que fait naître la déclaration du jury.

Me Favre. — Ce n'est pas une insulte faite *ab irato* et par
haine du verdict du jury; je rappelle seulement que M. le
second juré a lu avec affectation un journal, et qu'il n'a pu
prêter l'attention nécessaire à la discussion. Si je n'ai pas
demandé acte du fait, c'est que j'ai craint d'indisposer M. le
second juré. Il y a au surplus un précédent. Dans l'affaire
du complot de la rue Saint-Sébastien, la cour a renvoyé la
cause à une autre session, parce que, pendant le débat, un
juré lisait le journal. En effet, les débats sont essentielle-
ment viciés par un pareil incident, surtout quand il s'agit
d'un verdict de condamnation aussi inattendu que celui qui
vient d'être prononcé.

M. le président.—Vous auriez dû, Me Favre, vous abstenir
de cette dernière observation.

Mes Hemersdinger et Leblond se joignent aux conclusions
prises par leurs confrères; ils ont également remarqué le fait
signalé.

Me E. Arago, montrant un papier à la cour.—Voici d'ailleurs une liste de plusieurs personnes qui se sont fait inscrire
pour attester le fait.

M. Franck-Carré s'oppose à ce que la cour donne acte des
dernières conclusions.

La cour, après en avoir délibéré dans la chambre du conseil, prononce l'arrêt suivant:

Attendu que le fait dont il est donné acte ne serait pas de
ceux interdits aux jurés; que si dans certaines circonstances
ce fait pouvait autoriser la cour à prendre des mesures pour
la bonne administration de la justice, il ne saurait avoir
aucun intérêt dans l'affaire, au point où elle est arrivée.

Dit qu'il n'y a lieu soit de donner acte du fait allégué dans
les conclusions des défenseurs, soit de le vérifier.

Communication est donnée à Steuble de cet arrêt.

La cour, faisant ensuite droit aux réquisitions du ministère public, condamne Hubert à la déportation, qu'il subira jusqu'à nouvel ordre dans une prison continentale; elle ordonne en outre qu'il lui sera donné lecture de cet arrêt dans sa prison.

Mlle Grouvelle, Steuble et Annat sont condamnés à 5 ans de prison, et Vincent Giraud, à 5 ans de la même peine.

M. le président. — L'audience est levée.

Nous entendons Mlle Grouvelle s'écrier plusieurs fois en se retirant: « Ma mère! ma pauvre mère! »

www.ingramcontent.com/pod-product-compliance
Ingram Content Group UK Ltd.
Pitfield, Milton Keynes, MK11 3LW, UK
UKHW022319120726
13694UKWH00004B/1471